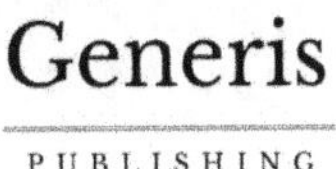

AF409975

L'étude en graphe des matrices topologique des réseaux électriques

Blaise Lubuno Matadi

CIP a Camerei Naţionale a Cărţii

Blaise Lubuno Matadi

L'étude en graphe des matrices topologique des réseaux électriques / Blaise Lubuno Matadi. – Chişinău : Generis Publishing, 2020 (Print on demand). – 74 p. : fig., tab.
Referinţe bibliogr.: p. 70 şi în subsol.
ISBN 978-9975-153-85-0.
621.31 L 83

Cover image: www. pixabay.com/ru/illustrations/двоичный-код-двоичный-475664/

Generis Publishing
Online orders: www.generis-publishing.com
Orders by email: info@generis-publishing.com

INTRODUCTION GENERALE

1. PRESENTATION DU TRAVAIL

L'énergie électrique telle que produite par les centrales électriques est généralement transformée pour être transportée en haute tension dans le but de faire transiter le maximum de puissance possible vouée la consommation.

Ainsi, nous considérons comme réseau électrique l'ensemble des installations pourtant de puissance ; or il s'avère indispensable que l'ingénieur doit œuvrer pour réaliser un transit optimal de l'énergie en contournant toutes les contraintes de nature électrique susceptibles de générer les pertes ou l'écroulement du réseau.

C'est alors que plusieurs méthodes sont mis en jeu pour l'étude topographique des réseaux, parmi ces derrières existe « LA METHODE DE GRAPHES » laquelle a captivé notre attention pour que, nous en menions une étude sur notre réseau ouest de la R.D.C ; D'où l'intitulé de notre sujet : « Application de la théorie des graphes à l'étude des matrices topologiques de réseaux », et ceci sera illustré pour le cas échant de réseau Ouest S.N.EL.

2. Choix et intérêt du sujet

Ce sujet est choisit relativement au profil de gestion de transfert de l'énergie électrique auquel nous sommes appelé en tant qu'électro-énergéticien ; il s'agit de ma part de contribution en vue de trouver une solution à un problème de notre société lié à notre domaine.

En outre, ce sujet est très capital dans la mesure où:

– Une fois que les courants trouvés ; on peut faire le choix de section de conducteur susceptible de supporter la demandée dans un nœud
– Il renforce une fois réalisé, la liste de solutions aux problèmes de transit-énergétique
– Il ouvre les pistes à l'aide de cette matrice aux études de stabilité ; de l'observabilité et de gouvernabilité de ce réseau comme étant un système asservis.
– Il ouvre la voie aux solutions numériques à partir de cette matrice dont on étudiera grâce aux méthodes d'analyse numériques les valeurs propres ; les éléments diagonaux ainsi que les vecteurs propres en vue de mener des études plus avancées et simplifiées.

3. Problématique

Les calculs réseaux et l'analyse de comportement d'un réseau électrique nécessitent la connaissance des paramètres clés des transits de puissance dans chaque nœud ; parmi ces derniers on y cite :

La tension ; l'angle de déphasage ; la puissance générée ; la puissance transitée et parfois la fréquence, mais compte tenu du fait qu'en cas des perturbations, il s'en suit une modification de ces paramètres ; ce qui demande un mécanisme de régulation pour un retour à la normale.

En effet, l'ingénieur s'est posé de tas de questions telles que : comment faire pour gérer ces genres de situation ?

Et c'est alors que parmi les éléments de réponses on a le processus suivant :

1° connaitre la topologie du réseau concernée

2° faire une étude de calculs de ce réseau

3° connaitre le comportement de ce réseau

4° prédire un comportement déterministe du réseau notamment le planning sur le transit de puissance.

En dehors de ceci ; le réseau est voué aux pertes considérables ainsi que des écroulements à répétition ceux que remettent en cause la qualité de l'énergie fournie aux clients, la disponibilité, la fiabilité et par conséquent la rentabilité financière.

D'où, l'application de la théorie des graphes à l'étude des matrices topologiques des réseaux s'avère un instrument efficace pouvant résoudre les problèmes de calculateur qui ne peut pas lire les schémas (comme c'est actuellement le cas)ou qu'ils soient équipés d' organes périphériques capable de le faire(ce qui est se réalisera probablement),il faut passer nécessairement par une description matricielle de la topologie du réseau avant de transmettre l'ensemble des données à l'organe de calcul de la machine .

4. Hypothèses de travail

Dans ce travail, nous partons des hypothèses telles que :

- La transformation du réseau Ouest-SNEL en graphe est possible
- L'établissement de la matrice des graphes caractéristique du réseau est possible.

5. *Méthodologie du travail*

Deux principales méthodes sont utilisées pour l'élaboration de ce travail, à savoir :

1   La méthode documentaire : Ici, il s'agit de différents documents consultés soit dans une bibliothèque soit dans les sites web notamment :
–   les anciens travaux de mémoire traitant des questions similaires,
–   des livres parlant des réseaux ; des cahiers techniques sur support PDF en ligne et autres documents nécessaires
–   La collecte et découpage des informations venant de la division de transport de Kinshasa(DTK)

2   la méthode d'investigations : ici il s'agit de démarches menées pour la collecte de données liées aux problèmes de transit de l'énergie électrique dans le réseau-ouest.

6. *Objectifs et buts du sujet*

L'objectif principal de ce travail est d'établir le modèle de graphes du réseau Ouest-SNEL et la matrice y correspondance, et cela dans le but d'en faire une étude sur le transit d'énergie dans ce même réseau.

7. *Délimitation du travail*

Scientifiquement, ce travail ne ses limite qu'à l'élaboration de la matrice topologique ainsi que l'étude correspondante rien qu'au réseau Ouest-SNEL.

Dans l'espace ; nos recherches ne se font qu'à l'ouest de la RDC notamment le Bas-Congo, Kinshasa et le BDD

8. *Difficultés rencontrées*

-    Pendant la réalisation de ce travail, nous avons toujours eu des difficultés, les informations que nous avons plus besoin nous ont été transmis à moitié parce que selon eux ce sont des secrets professionnels dont l'accès est interdit au monde extérieur à l'entreprise.
-    Nous avons aussi connu des problèmes d'ordre documentaire, la lenteur administrative pour l'accès conditionné à la bibliothèque de la S.N.EL. et une autre difficulté pour accéder à la banque des données utiles à notre sujet de travail.

9. Subdivision du travail

Dans le but de simplifier l'élaboration de ce travail, nous l'avons subdivisé en trois chapitres hormis l'introduction et la conclusion.

Ainsi on a la subdivision suivante :

- Chapitre I : Généralités sur les Réseaux électriques

- Chapitre II : théories des graphes et matrices topologique des réseaux

- Chapitre III : Application des théories de graphe et matrices topologiques du réseau SNEL-OUEST

CHAPITRE I :
GENERALITES SUR LES RESEAUX D'ENERGIE ELECTRIQUE

I.1. STRUCTURE D'UN RESEAU ELECTRIQUE ([1])

Après production de l'énergie électrique dans les centrales de production, on doit transporter cette énergie à travers une liaison électrique entre les groupes générateurs d'énergie et les appareils utilisant l'énergie qu'ils produisent.

Le réseau électrique est une liaison entre le centre de production et les points de consommation en vue d'une distribution.

Pour réaliser la liaison nécessaire entre la production et le consommateur, il faut donc construire des lignes qui sont raccordées entre eux dans des installations appelés postes. Ceux-ci comprennent des appareils de coupure, de transformation de mesure et contrôle de réglage, de commande et divers autres appareils auxiliaire nécessaires au bon fonctionnement, à une meilleure exploitation de l'ensemble.

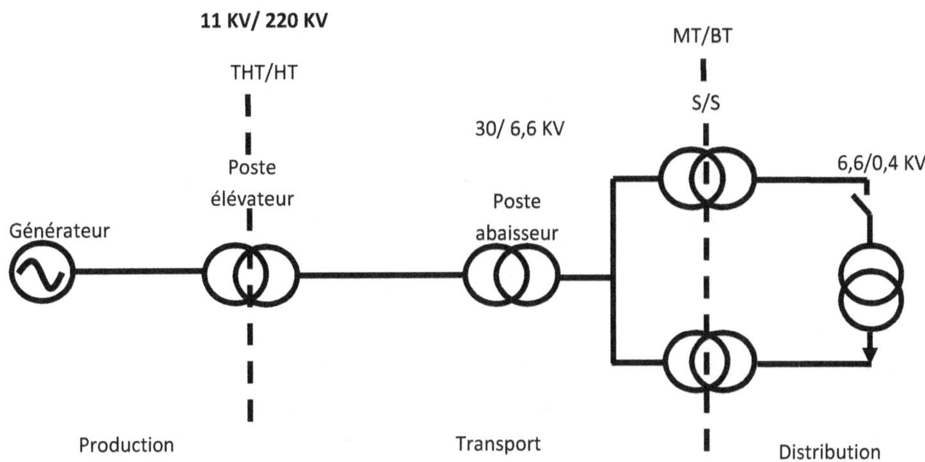

Figure I.1. Schéma de réseau

([1]) R. PELISSIER, les réseaux d'énergies électrique ,Dunod ,Tome 1,Paris,1979,p11

I.2. CLASSIFICATION DES RESEAUX ([2])

Dans la classification des réseaux, il existe des différents critères permettant de différentier ou de regrouper les réseaux.

Il s'agit de :

1. La tension du réseau : elle limite les puissances transportables dans le réseau et fixe la dimension des lignes et du matériel des postes.

2. Topologie du réseau : elle fixe le mode d'exploitation normale et les possibilités de secours en cas d'incidents.

3. Le système utilisé : Pour le courant alternatif, il indique le nombre de phases et la position du neutre par rapport à la terre.

4. La fonction du réseau : elle donne le rôle que le réseau va jouer : transport, interconnexion.

I.3. CHOIX DE LA TENSION DU RESEAU ([3])

Pour un réseau électrique, la tension choisie impose que tous les appareils raccordés à ce réseau possèdent un isolement suffis, cela exige un dimensionnement en tension de ces appareils admettant un courant limite pour réduire l'échauffement et les efforts électrodynamiques.

L'échelle des tensions utilisées dans les réseaux d'énergie et très vaste, on peut distinguer les plages des tensions suivantes :

1. Les réseaux à très haute tension(THT) : tensions supérieures à 300kv.

2. Les hautes tensions (HT) : vont de 35 à 300kv. Elles sont utilisées au transit de puissance élevée.

3. Les moyennes tensions (MT) : elles sont comprises entre 1 et 35kv. En RDC nous utilisons les tensions suivantes : 6,6 KV ; 15 KV ; 20 KV ; et 30 KV.

4. Les bases tensions (BT) : vont de 50 à 1000 volts, les tensions de service sont inferieures à 1000 volts alternatifs et 750 volts en continue. En RDC nous utilisons 220 volts alternatifs entre phase et neutre et 380 volts entre phases.

5. Les très basses tensions (TBT) : ce sont des tensions inferieures à 50 volts qui sont considérées théoriquement comme étant sans danger mortel pour le corps humain.

([2])Idem pp12-13

([3]) KAZADI, K., Production, transport et distribution de l'énergie électrique, Syllabus, G3 ELECTROTECHNIQUE, I.S.P.T.-KIN, 2007-2008.

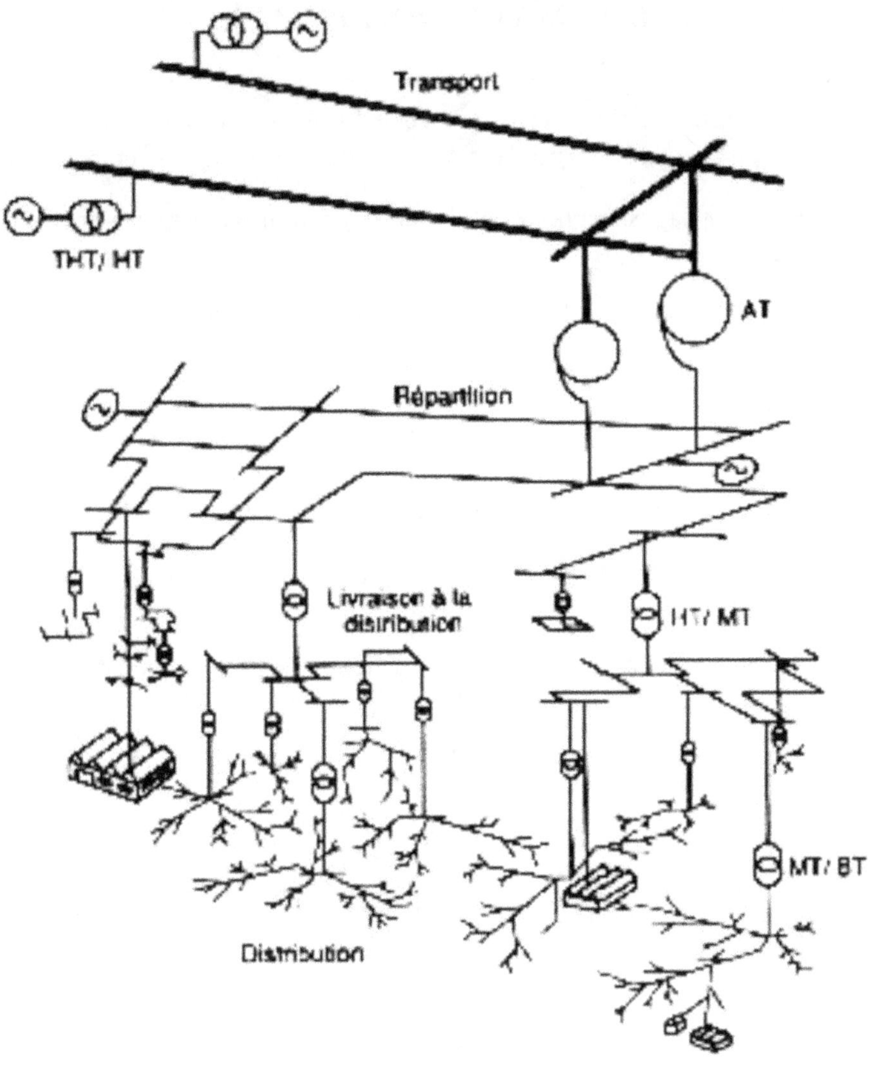

Légende :
AT autotransformateur
BT basse tension
HT haute tension
MT moyenne tension
THT très haute tension

Figure I.2 : Hiérarchisation D'un Réseau

I.4. DISPOSITION DES RESEAUX (⁴)

Pour assurer un transport d'énergie d'une certaine puissance, il est demandé de le faire avec une sécurité suffisante malgré toute sorte d'agressions externes (foudre, choc d'énergie divers........) que Subissent les appareils et les lignes qui les composent.

Néanmoins, il faut augmenter la sécurité d'alimentation suivant les types de réseaux et d'usagers pour les sauver.

Il conduira à des dispositions des réseaux différentes. Voici quelques indications de cette disposition

I.4.1. Réseau radial

C'est un réseau qui, a partir d'un poste d'alimentation, constitué de plusieurs, dont chacun va se ramifiant, mais jamais retrouver de point commun. Figure 1.3.

Le réseau radial est de structure simple et peut être contrôle et protégé par un appareillage simple. C'est le réseau le moins onéreux.

Il présente l'inconvénient, en cas de défaut d'un feeder de mettre hors service toutes l'installation en aval que ce feeder dessert jusqu'à la réparation du défaut.

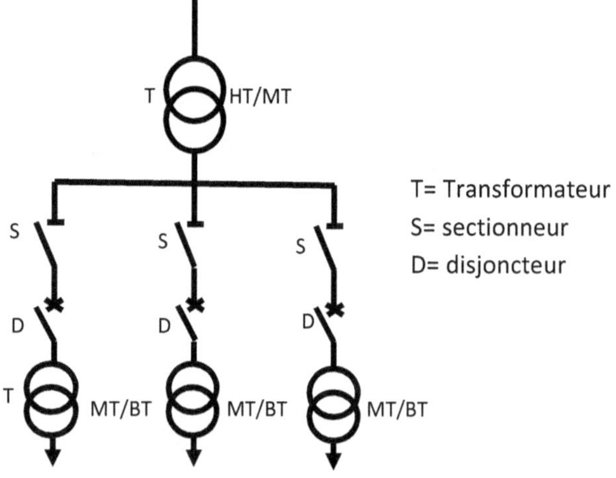

Figure I 3. Réseau radial

(⁴) R. PELISSIER, op.cit. , p16

I.4.2. Réseau boucle

Le réseau bouclé est alimenté à la fois par plusieurs sources généralement 2 ou 3 Figure 1.4 Le nombre de boucle est toujours limité, et chacune comporte des dérivations importantes et plus ou moins ramifiées.

En cas de problème sur le transformateur ou sur une boucle l'existence de plusieurs sources en parallèle augmente la sécurité d'alimentation sur une boucle si un tronçon à des problèmes, il est isolé et les deux fractions du réseau, de part et d'autre de ce tronçon sont exploitées momentanément en réseau radial plus les boucles sont divisées en grand nombre de tronçons reliées par des disjoncteurs plus on voit que la sécurité est d'autant mieux assurée. Mais le coût de cette disposition est élevé et le contrôle de la protection devient plus complexe.

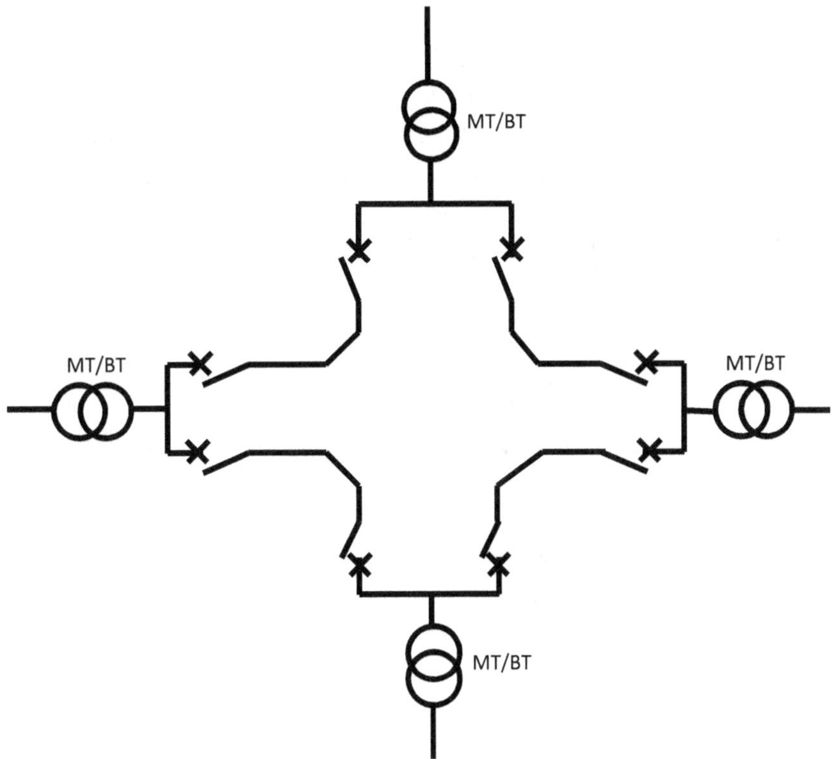

Figure I.4 réseau bouclé

I.4.3. Réseau maillé

C'est un réseau auquel toutes les lignes sont bouclées et formant ainsi une structure analogue aux mailles d'un filet Figure   1.5 Ce système s'utilise dans les réseaux moyens tensions et basses tensions.

On peut prévoir des sectionneurs pour ouvrir certaines mailles soit en permanence, soit en cas de défaut. On obtient ainsi la meilleure sécurité, mais au prix le plus élevé et le contrôle de la protection devint plus complexe.

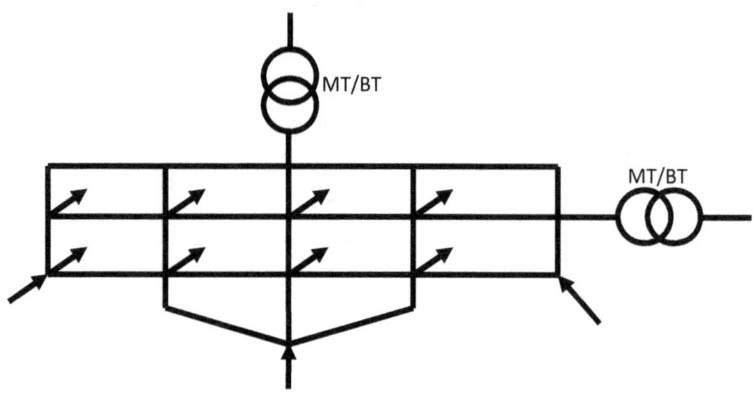

Figure I.5 Réseau maillé

I.5. DIFFERENTES FONCTIONS DES RESEAUX D'ENERGIE

Pour amener l'énergie électrique provenant de l'usine génératrice jusqu'à l'appareil d'utilisation on a construit les réseaux électriques les conditions de transit d'un bout à l'autre de la chaîne des installations nécessaires ne sont pas rigoureusement les mêmes, les puissances en jeu et les difficultés d'installation présentent des situations divers qui permettent de délimiter des fonctions spécifiques.

I.5.1. Les réseaux d'utilisation BT

Les réseaux d'utilisation alimentent directement les appareils de faible puissance tels que les appareils domestiques et certains appareils industriels, ces réseaux nécessitent une sécurité maximale pour les usages.

I.5.2. Les réseaux de distribution MT/BT

Par définition, les réseaux de distribution est celui qui alimente les réseaux d'utilisation, même s'il est parfois difficile de fixer une frontière entre les deux types des réseaux sur le plan administratif, la différence se trouve aux bornes amont du compteur des usages (tant industriels que domestiques) ou de l'appareil de coupure placé juste en amont (fusible pour les usages BT, le disjoncteur pour les usages MT).

I.5.3. Les réseaux de répartition HT

Les réseaux de répartition sont nécessaires pour le transport de l'énergie sur des distances trop faibles pour les réseaux de transport.

Ils assurent l'alimentation des réseaux de distributions en puissance voulue et sont alimentés par les réseaux de transport.
Ils utilisent des tensions comprises entre 40 KV et 110 KV.

I.5.4. Les réseaux de transport HT/THT

Ces réseaux utilisent des hautes tensions et de très hautes tensions 110 à 780 KV. Vu ses puissances importantes, ils assurent l'alimentation de l'ensemble du territoire sur des distances atteignant cent ou plus de centaines de kilomètres.

Ils ont une forte capacité de transits et leur structure est conçue pour assurer une grande sécurité d'alimentation.

I.5.5. Les réseaux d'interconnexion

Ils utilisent la même gamme de tension que les réseaux de transport, voilà pourquoi il est souvent d'interconnexion et de transport.

Les réseaux d'interconnexion forment des liaisons avec les réseaux de transport puissants.

Leurs liaisons ont un double rôle :
-   Rôle de sécurité : permettant le secours réciproque des réseaux dans le cas d'incident.
-   Rôle économique : minimiser le coût total de production.

I.6. TYPES DE LIGNES ELECTRIQUES ([5])

1.6.1. Lignes souterraines

- **Avantages**
  - ➢ Elles sont une solution d'esthétique pour les grandes agglomérations ;
  - ➢ Les câbles ne sont pas attaqués par les intempéries ;
  - ➢ Les interférences avec les circuits téléphoniques sont inexistantes
- **Inconvénients**
  - ➢ La pose d'un câble est très exigeante ;
  - ➢ Pour le THT les câbles coûtent très chères

1.6.2. Lignes aériennes

- **Avantages**
  - ➢ Les frais d'entretien et de réparation sont faibles ;
  - ➢ La surveillance est plus rapide ;
  - ➢ La réparation est rapide.
- **Inconvénients**
  - ➢ Elles ne sont pas esthétiques ;
  - ➢ La disponibilité de surcharge est possible ;
  - ➢ Elles perturbent la communication téléphoniques ;
  - ➢ La coupure d'une ligne à des conséquences néfastes sur son environnement ;
  - ➢ Elles sont exposées aux surtensions d'origines atmosphériques.

Parmi les deux types de lignes cités, ils existent aussi des lignes qui ont à la fois une partie aérienne et une partie souterraine appelés les lignes aéro-souterraines.

1.6.2.1. Description générale de matériels constituant la ligne

Une ligne aérienne est constituée :

➢ Conducteur qui doivent assurer une bonne continuité électrique, doit pouvoir supporter, sans détérioration ni rupture, les contraintes extérieures auxquels ils ont soumis.

➢ Isolation rigide ou suspendus qui transmettent aux supports tous les efforts agissant sur les conducteurs.

➢ Les supports sont de forme et d'importance très variées, pouvant aller du simple poteau autours en treillis d'acier.

([5]) KAZADI., <u>Production, transport et distribution de l'énergie électrique</u>, Syllabus, G3 ELECTROTECHNIQUE, I.S.P.T.-KIN, 2007-2008.

➢ Fondations qui maintiennent les supports au sol. Elles sont fonctions des efforts appliqués et de la nature de terrain.

Contraintes extérieures

Les différentes contraintes soumises à une ligne aérienne sont :
➢ Contraintes d'ordre mécanique
➢ Contraintes d'ordre électrique
➢ Contraintes d'ordre météorologique, qui influencent leur conception, donc leur prix.

a) **Contraintes d'ordre électrique** nous avons :
- La tension
- Le courant de court-circuit
- L'intensité du courant électrique

➢ **La tension** : est une contrainte qui caractérise bien une ligne aérienne, elle définit l'isolement de la ligne, les distance minimales entre phase, entre conducteurs et masse, entre conducteur et sol ou installation quelconque quand, pour des tensions élevées, le phénomène d'effet couronne peut occasionner des pertes d'énergie active et des perturbations radiophoniques.

➢ **L'intensité du courant électrique**

Température des conducteurs : les variations de température de conducteur des lignes aériennes résultant de la combinaison des phénomènes suivants :

- La variation de la température ambiante ;
- Le rayonnement solaire qui dépend de l'état de surface des conducteurs, de la saison, de l'heure et des conditions météorologiques.
- L'échauffement dû à l'effet joule ; les refroidissements par conversion naturelle (temps calme) ou forcée (vent)
- Les pertes par rayonnement dans l'infrarouge, la température d'équilibre du conducteur s'obtient en écrivant que la puissance reçue est égale à la puissance dissipée

➢ **Courant de court-circuit** : en raison des grandes distances entre phase d'une ligne aérienne, les efforts dynamique dus au courant de court-circuit sont faible et n'entraînent aucun balancement important des conducteurs.

Les effets des courants de court-circuit va sur les lignes aériennes agissent principalement sur :

➢ La tenue des chaines d'isolateur et de leurs accessoires
➢ L'échauffement des conducteurs, câbles de garde, mises à la terre ;

➢ La tension induite dans des circuits voisins (télécommunication) et l'élévation du potentiel du sol au voisinage des pylônes

b) **Contraintes d'ordre mécanique** nous avons :

- Le givre-lige
- Le vent
- Les coefficients de sécurité.

1.6.3. Matériel entrant dans la construction d'une ligne aérienne

1.6.3.1. Les conducteurs

Les conducteurs des lignes aériennes doivent avoir < : une faible résistivité ; une charge de rupture élevée, un prix de revient économique, les conducteurs les plus utilisés sont :

- **Cuivre**, oxydation superficielle (vent de gris à oxyde de cuivre) cette couche protège le conducteur et doit être éliminée lors de la réalisation des raccords et les jonctions.

- **Almélec** : est un alliage comprenant du magnésium et du silicium et désignée par le symbole AGS/L (Norme NFA 02-004) l'avantage de cet alliage est la limite de rupture à la traction qui est d'environ 32 hbar, ce qui permet de l'utiliser en câble homogène même pour des portées de longueurs importante.

- **Aluminium**, pèse la moitié du poids de cuivre pour le même volume, il est plus cassant que le cuivre, moins chers, moins bon conducteur que le cuivre, la section des conducteurs en aluminium est 1,6 fois celle des conducteurs en cuivre pour une même résistance, à cause de son poids qui est faible, l'aluminium tend à remplacer de cuivre car le coût de la ligne et des supports dépend du poids de conducteur aujourd'hui on essaie d'améliorer les propriétés de résistance mécanique en développant les alliages d'aluminium pour réaliser un compromis entre la résistivité d'une part et la résistance mécanique d'autre part.

- **Acier** : n'est pas utilisé comme conducteur d'énergie électrique, mais comme support des câbles mixtes Alu-acier ou Almélec- Acier. Il peut être utilisé comme conducteur pour le fil de garde au-dessus des pylônes après avoir subi au préalables la galvanisation les caractéristiques des tous

- les conducteurs sont données dans le tableau.

1.6.3. 2. Tableau de caractéristique de quelques conducteurs utilisés dans les L.E.A. (6)

Tableau 1.1 : caractéristiques des conducteurs

Matériaux	grandeurs	valeurs
Aluminium	Résistivité électrique	$\rho = 0{,}028\ \Omega mm^2/m$
	Coefficient de température	$\alpha = 0{,}0035\ °C$
	Poids spécifique	$\delta = 2{,}7\ kg/dm^3$
	Charge de rupture	$\delta r = 160\ N/mm^2$
	Charge limite élastique	$\delta Le = 120\ N/mm^2$
Cuivre	Résistivité électrique	$\rho = 0{,}018\ \Omega mm^2/m$
	Coefficient de température	$\alpha = 0{,}004\ °C$
	Poids spécifique	$\delta = 8{,}89\ kg/dm^3$
	Charge de rupture	$\delta r = 400\ N/mm^2$
	Charge limite élastique	$\delta Le = 350\ N/mm^2$
ALMELEC 98,5% d'Aluminium (0,6 à 0,8 %) de magnésium (0,5 à 0,7%) de silicium	Résistivité électrique	$\rho = 0{,}032\ \Omega mm^2/m$
	Poids spécifique	$\delta = 2{,}7\ kg/dm^3$
	Charge de rupture	$\delta r = 320\ N/mm^2$
	Charge limite élastique	$\delta Le = 280\ N/mm^2$

1.6.3.3. Câbles de garde

Les câbles de garde sur une ligne aérienne à trois rôles :

1) Ils diminuent l'induction dans les circuits de télécommunications ou des conduits enterrés ;

2) Ils protègent la ligne contre les coups de foudre directs ;

3) Ils réalisent l'interconnexion des mises à la terre des supports.

Leur section doit être suffisante pour supporter les échauffements qui sont fonction de l'intensité qui les parcourt au moment d'un court-circuit et de la durée du défaut. Ils sont en général en almélec acier à une ou deux couches de fils d'almélec.

---

(6)BIRINGINGWA, -Construction électrique ,syllabus, G2 électrotechnique ; I.S.P.T.-KIN, 2009-2010.

1.6.3.4. Isolateurs. (7)

Ils entrent pour un faible pourcentage dans le prix d'une ligne aérienne, mais ils en sont un élément essentiel.

a) Rôle d'isolateur

Son rôle est de relier les conducteurs sous tensions aux supports et d'assurer l'isolement électrique entre ces deux parties constitutives de la ligne. En outre le choix du type d'isolateur, les contrôles de réception et la surveillance en exploitation doivent être fait avec le maximum de soin.

b) Constitution des isolateurs

Un isolateur est constitué de deux parties qui sont :
- Les isolateurs
- Les pièces métalliques de liaison

b.1) les isolants

Le verre et la céramique sont exploités pour leur comportement, bien qu'ils soient des matériaux fragiles.

b.2) Les pièces métalliques de liaison

Les parties isolantes constitutives de l'isolateur sont reliées entre elles ou au support par des pièces métalliques réalisées dans différents métaux doivent répondre aux contraintes mécaniques et techniques en exploitation à l'isolateur.

Les principaux métaux ou alliages utilisés sont :
- Les fontes ;
- Les aciers au carbone ;
- Les alliages de zinc ;
- Les alliages de cuivre.

C) Types d'isolateurs

On distingue deux types d'isolateur à savoir :
- Les isolateurs rigides et les éléments de chaîne.

---

(7) PIERRE, (H.F.) et Al. –« Lignes aériennes », In Encyclopédie : Techniques de l'ingénieur, D4II,Coll « Techniques de l'ingénieur », Paris, 1989, PO.D640 – PP. 1 à 640 -2-4.

C.1.) *isolateur rigide*

Relié au support par une ferrure fixe. Il est principalement soumis à des efforts de flexion et de compression lorsqu'il est placé en position verticale. Il peut être placé dans certains cas horizontalement ou obliquement.

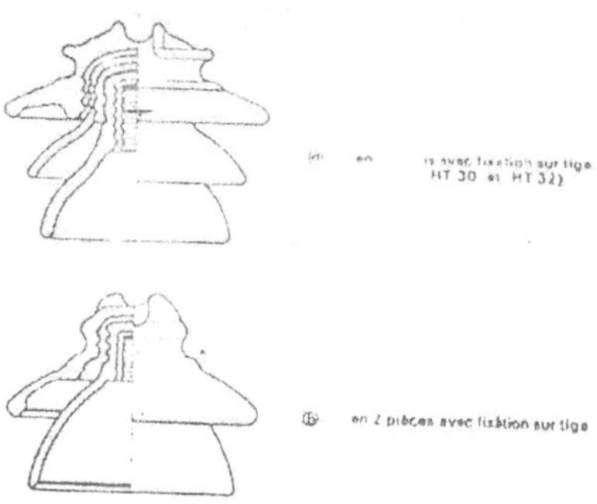

Figure 1.6. Exemple des isolateurs rigides

C.2.) *Elément de chaîne*

C'est un isolateur constitué par un matériel isolant équipé de pièces métalliques de liaison, nécessaires pour le relier de façon flexible à d'autres éléments de chaîne, à la pince de suspension du conducteur ou aux supports. Ces éléments sont généralement utilisés en suspension et formant des chaînes d'isolateurs soit verticalement (chaînes d'alignement), soit horizontalement (chaîne d'encrage).

➢ La liaison entre deux éléments successifs est réalisée par des systèmes métalliques soit à rotule, soit à chape et tenon. Il existe deux types principaux d'éléments de chaîne

➢ Les isolateurs à long fût ;
➢ Les isolateurs capo et tige.

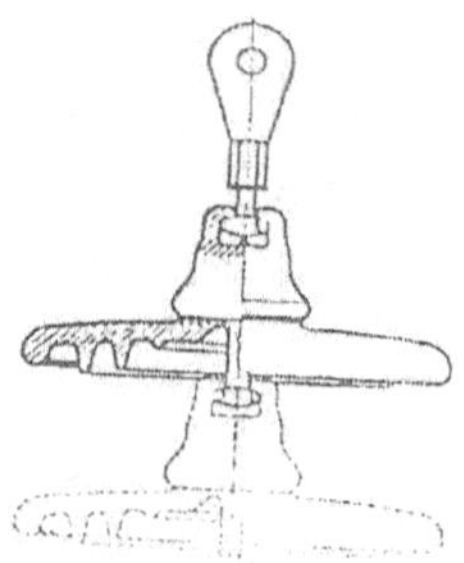

Figure I.7. Exemple d'un élément de chaîne à assemblage à rotule

a) **Choix des isolateurs** : un isolateur est choisi en fonction :
➢ De la tension de service de la ligne ;
➢ Du prix de revient de la ligne et de son importance ;
➢ Des efforts mécaniques ;
➢ De la pollution de site

1.6.3.5. Les supports

On distingue plusieurs sortes des supports pour une ligne électrique aérienne :

➢ Supports en bois
➢ Supports en béton
➢ Supports métalliques

a) Supports en bois

Ils sont généralement en pins, en sapins, en pins sylvestres ou en Kilomba. Ils sont traités soit par immersion soit par injection des produits en vase clos, leurs durées de vie varient entre 12 à 20 ans.

b) Supports en béton

Ils sont en béton normal ou précontraint, vibrés et centrifugés. Ne présentent pas la nécessité d'entretien, leurs empattement est réduit avec les efforts en tête, importants. Ils sont fragiles ; avec un poids élevé.

c) Supports métalliques :

Ils sont sous formes : tubulaire ; en structure métallique, symétrique ou en pylône. Les efforts en tête sont importants, ils sont robustes et de grande hauteur. Le transport et le bardage sont facilités par le démontage des éléments. Les prix de revient sont élevés. L'entretien est onéreux.

1.6.3.6. Les armements

C'est la disposition des isolateurs sur un support ; en distingue :

➢ Armements alterné quiconque ;

➢ Armements triangulaires ;

➢ Armements en drapeau simple et double ;

➢ Armements en nappe horizontale ou nappe voûte

a)   ***Armements alterné ou quinconce :***

• Avantages : un espacement important entre fils, peut être utilisé sur les lignes mixtes, peut avoir sur un seul poteau la MT ou la BT

•   Utilisations : ils sont utilisés pour lignes sur isolateurs rigides MT ou BT et en région givrées.

b)   ***Armement triangulaire :***

• Avantage : Pas des conducteurs superposés ;

• Utilisations : utiliser pour lignes sur isolateurs rigides MT ou BT et en région givrées. Quelques fois pour la HT sur pylônes en treillis avec isolateurs suspendus.

C) Armement en drapeau simple et double :

- Avantages : facilite des dérivations et permet de rapprochement des supports contre les façades pour en réaliser des branchements.

- Utilisations : ils sont utilisés pour les lignes avec éloignement d'obstacles latéraux. Pour les lignes BT ; MT ; HT ; pour l'alimentation des agglomérations

Tableau I.2. Différents types d'armements

Nom de l'armement	Croquis
Alterné ou en quinconce	
Triangulaire	

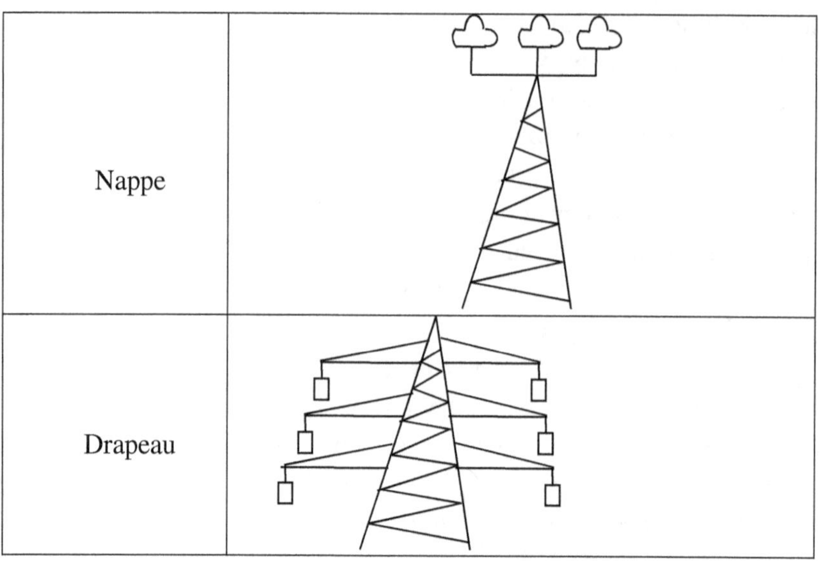

I.7. DISPOSITION DES POSTES DE L'ENERGIE ELECTRIQUE

Un poste de livraison est donc une installation électrique à haute où basse tension, raccordée à un réseau de distribution publique sous une tension nominale déterminée.

Ce poste peut avoir un ou plusieurs transformateurs.

Il comprend généralement :

- Des jeux de barres, dont le nombre est défini par le schéma électrique général du poste ;
- Des cellules de lignes regroupant les équipements de contrôle, de protection et d'isolement du circuit électrique ;
- Des cellules transformations ;
- Des cellules de couplage des barres omnibus, permettant de relier entre eux deux quelconque des jeux de barres du poste ;
- D'installation de sectionnement des barres par disjoncteur ou par sectionneurs.

En fonction de leur constance les postes HT ou BT comprenant tous les ouvrages nécessaires qui permettent l'installation de l'appareillage spécifique à la tension choisie.

Ils doivent remplir certains critères de jugement tels que

- La sécurité générale d'exploitation du réseau.
- La souplesse d'exploitation.

- Le nombre de disjoncteurs à ouvrir en cas de défaut sur un départ.
- Les simplicités de manœuvre d'exploitation
- La maintenance des appareils
- Le coût et la fiabilité générale du poste etc…….

I.7.1. Poste de coupure simple

La sécurité dépend du nombre de liaison dont il faut s'assurer les connexions.

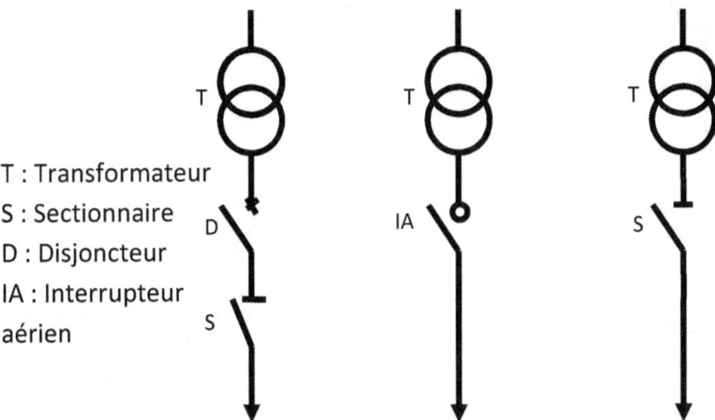

Figure I.8. Poste de coupure simple

I.7.2. Poste de coupure à multiples liaisons

Il assure la meilleure sécurité du réseau à travers diverses possibilités de connexions entre les liaisons concernées :

Poste à un jeu de barre

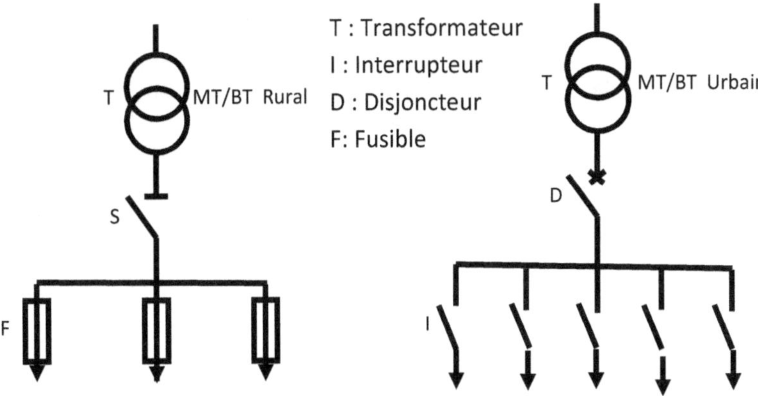

Figure I.9. Poste à jeu de barre

Poste à multiples jeux de barres

Il permet de remédier aux inconvénients du poste d'un jeu de barre. Chaque départ est connecté au jeu de barres à travers un disjoncteur et des sectionneurs d'aiguillage Figure 2.8.

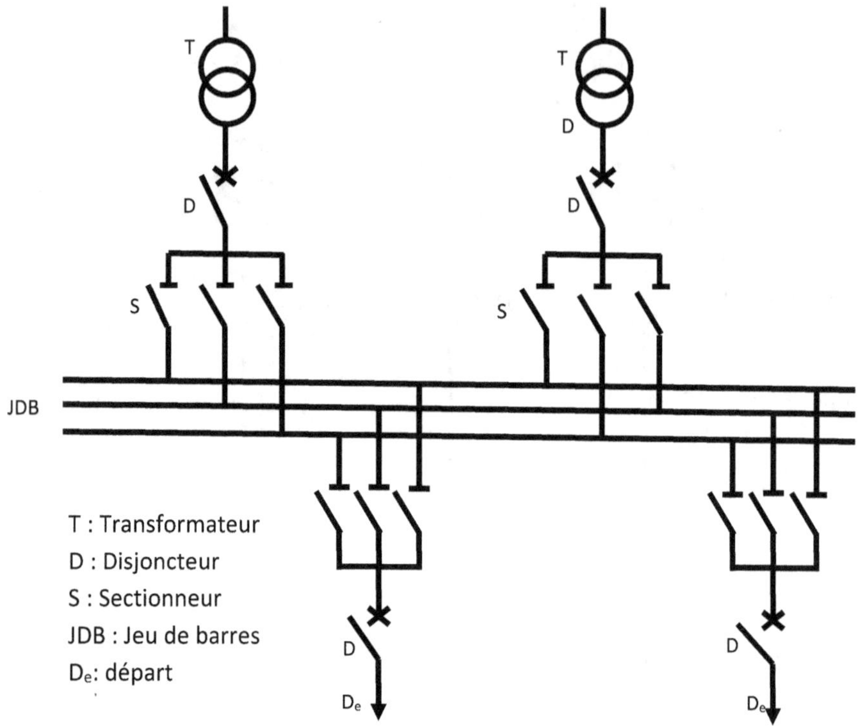

Figure I.10. Poste à multiples jeux de barre

1. Poste d'extérieur du type haut de poteau

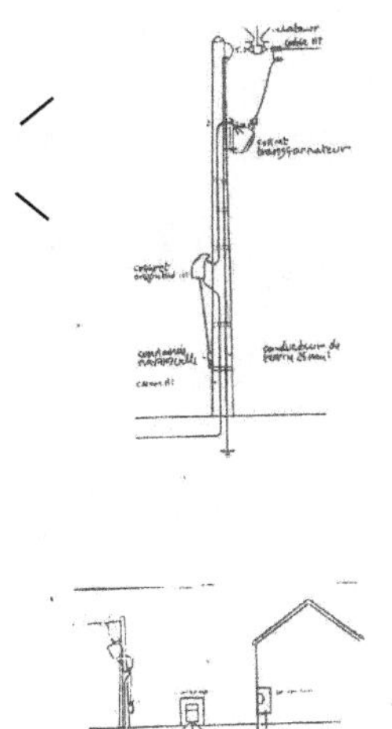

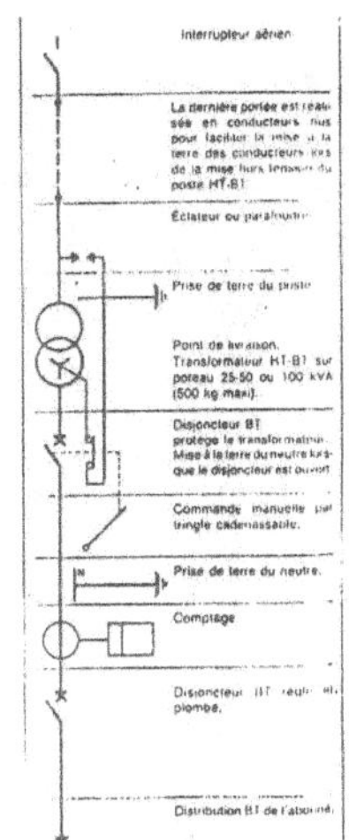

2. Le poste bas de poteau

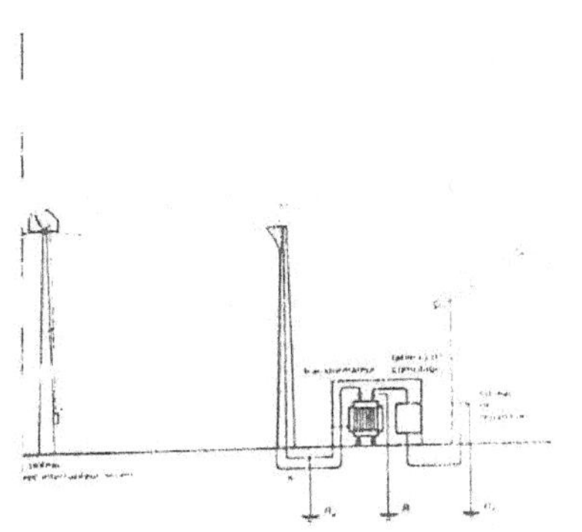

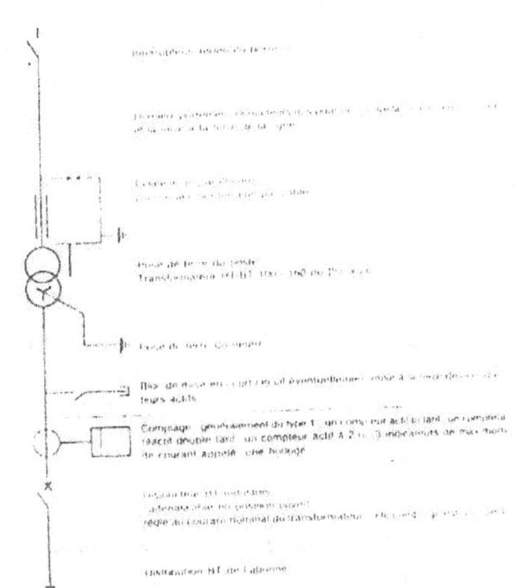

3. *Le poste d'intérieur*

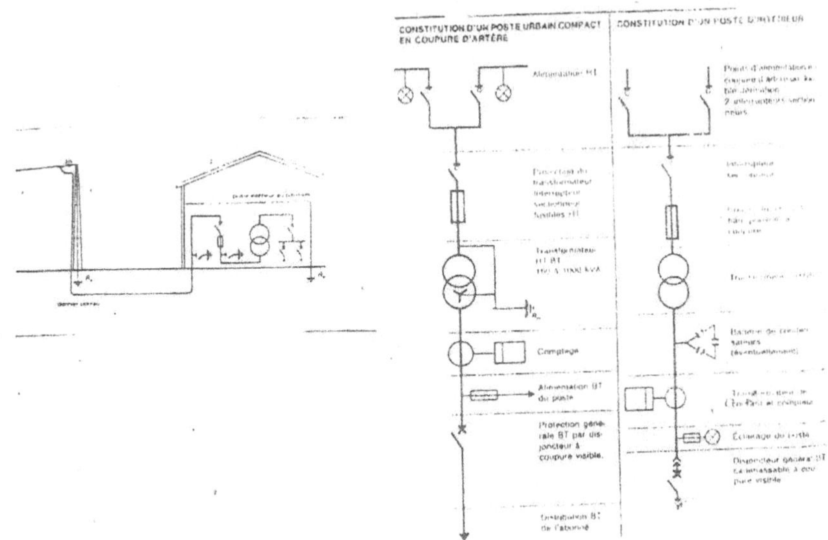

I.8. CHOIX DE TRANSFORMATEUR (^{8})

Le transformateur est un appareil statique permettant de faire varier d'une façon définitive ou provisoire, la tension avec un très bon rendement.

Ainsi pour faire un bon choix de cet équipement, il faut prendre en compte au minimum, les éléments spécifiques ci-après :
- l'estimation de la puissance installée ;
- la température ambiante ;
- les chutes de tension ;
- Le facteur de puissance ;
- Les exigences de continuité de service et des changements des régimes ;

La tension de service ; l'environnement (pollution, harmonique).

I. 9. CRITERES DE CHOIX DE LA SECTION

Les choix de la section d'un câble sont basés sur quelques principaux critères :
- Le régime permanent
- Le régime de court – circuit

(^{8}) Traité d'électricité : volume XII énergie électrique.

- La chute de tension
- Incidence économique des pertes

I. 9. 1. Critère du régime permanent

La section du câble doit être suffisante pour que l'intensité du courant en service continu ne provoque pas un échauffement du câble supérieure à une valeur fixée par les normes et tenant compte de la structure du câble. Si un conducteur est traversé par un courant électrique, de ce fait, compte tenu de la résistance du conducteur, il ya perte d'énergie qui se transforme en chaleur.

La quantité de chaleur peut être transformée par l'expression $d_Q = R.I^2\,dt$.

I.9.1.a. Choix de la section en fonction de la valeur moyenne consommée par unité de surface

Avec S : section du conducteur en mm^2

I : intensité nominale en ampère

J : densité du courant en A/mm^2

$$S = \frac{I}{J} \tag{I.1}$$

<u>N.B</u> : la SNEL utilise la densité de $5 A/mm^2$ en BT et $3,5\ A/mm^2$ en MT.

I.9.1.b. Choix de la tension en facteur de la résistance

$$R = \rho.\frac{L}{S} \qquad S = \rho.\frac{2L}{R} \tag{I.2}$$

Avec S : section en mm^2

L : longueur en m

R : résistance en ohm

ρ : Résistivité en ohm mm^2/m

I.9. 2. Critère de chute de tension

Le problème d'alimentation en énergie électrique d'un réseau dépend en grande partie du schéma d'alimentation et de section des éléments conducteurs est de rigueur.

On distingue plusieurs façons de déterminer la section des éléments conducteurs pour la distribution, la réactance capacitive est négligée.

La chute de tension en monophasée est donné par l'expression :

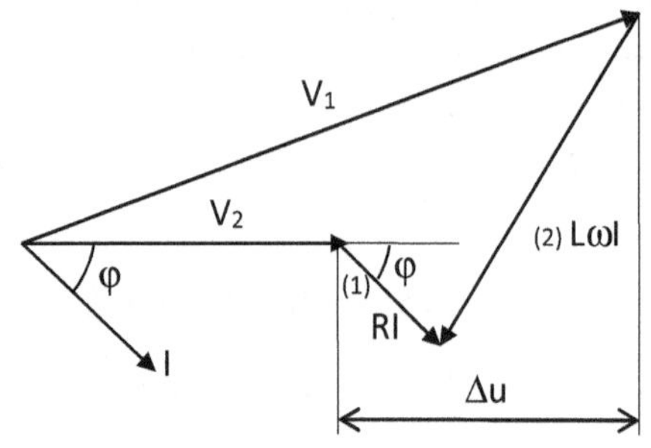

I.9.3. *Critère économique*

Le cout global du conducteur comprend deux termes :
Les dépenses pour les installations du conducteur CC=A+BS
Avec   CC= cout du conducteur en longueur par mètre
A+B= les termes fixées en Fc/m et $Fc/mm^2/m$
S= section du câble.

Le cout des pertes pendant les années d'utilisation

$$cp = \frac{[p(1+i)^n - 1]}{[i(1+i)^n]} \qquad (1.3)$$

Avec I : énergie dont le taux est actualisée
P : cout des pertes en Fc /kw
n : la durée équivalente d'utilisation.

I.9. 4. *Critère du régime de court- circuit*

Le temps de court- circuit étant les calories produites par effet joule conduisent exclusivement à l'augmentation de la température du câble, donc un échauffement adiabatique c'est - à – dire sans échange de la chaleur avec l'extérieur pour un conducteur.

$$\sigma t^2 = \frac{dxc}{\rho_0 . \propto} \qquad (1.4)$$

avec   t : durée de court-circuit

σ : Densité du courant qui est égal à $\frac{1}{s}$,

d : poids spécifique

c : capacité calorifique

ρ : la résistivité

α : Coefficient de dilatation thermique

Ces éléments permettant de dimensionner les sections du câble, tout en évitant les coupures des conducteurs.

En fin on a : $I_{cc} = \frac{s.a}{\sqrt{t}}$ (kA) avec   a : $(1+\alpha\Delta\theta)$=constante

$\qquad\qquad\qquad\qquad$ S : section en mm^2

$\qquad\qquad\qquad\qquad$ T : Temps en seconde

$\Delta\theta$: Différence des températures

I.9. 5. Origine des courts-circuits

Par court-circuit on entend la mise en contact direct de deux ou plusieurs conducteurs dont les potentiels sont différents c'est aussi un bouclage accidentel d'un circuit en amont du récepteur.

Dans ces conditions, la tension de service u_s engendre une intensité qui prend une valeur importante et dangereuse.

Origine externe

Les courts-circuits sont souvent d'origine atmosphérique (vent, neige).
Soit des déplacements des animaux sur les lignes aériennes et d'origine mécanique : rupture d'un support d'un conducteur, d'un isolateur sur la ligne aérienne.

Origine interne

Sur tensions dues à des phénomènes de résonnance, de Ferro résonance.
Ouverture de circuits électriques réactifs en charge.

I.9.5.1. Conséquence des court- circuits

Les effets de court-circuit sont multiples et néfastes au niveau tels que :

- Échauffements anormaux
- Chute de tension
- Explosion de disjoncteurs
- Pertes de stabilité du réseau

- Destruction des isolateurs

I.9.5.2. Puissance de court-circuit

C'est la grandeur fictive d'orientation pour mesurer la réactance totale du système la valeur de S_{cc} dépend de la tension nominale

En moyenne on peut considérer les valeurs suivantes :
$U_n=$ 6KV....................S_{cc}=100...............200MVA

  15KV.................S_{cc}=200................400MVA

  30KV.................S_{cc}=400................600MVA

I.9.5.3. Forme de court-circuit

Selon leurs formes, nous distinguons :
En courant continu :
- Court-circuit entre conducteur et terre
- Court-circuit entre conducteur positif et négatif

En courant alternatif :

- P-T, P-P, P-P-T, P, P, P, P-P-P-T (P=phase) ; (T=terre).

I.10. PROTECTION DES RESEAUX

Le rôle des réseaux de distribution est de mettre l'énergie électrique à la disposition des usages pour y parvenir, il ya un ensemble des moyens destinés à réduire le nombre et la durée des interruptions et à maintenir la tension voisine à la tension normale.

L'étude des moyens à mettre en œuvre pour obtenir une bonne qualité de service nécessité la connaissance du fonctionnement des réseaux de distribution en régime normal, les problèmes à résoudre sont ceux posés par la production de puissance réactive et la réduction des variations de tension.

En présence de défauts, il s'agit d'éliminer la partie de réseau a variées ce qui suppose l'installation et le réglage de protections appropriées aux différents types de défauts et d'éléments de réseau.

I.10.1. Production de la puissance réactive

Définition

La puissance réactive est une énergie consommée par les transformateurs et les moteurs qui présentent une réactance importante et mettent en réserve, puis restituent de l'énergie électromagnétique.

Aspect et rôle de la puissance réactive

Un élément de réseau possédant une self ou une capacité met en jeu une forme particulière de puissance appelée puissance réactive. Celle-ci peut être restituée après avoir été absorbé.

Lors de la mise en parallèle entre self et capacité, l'énergie est positive dans la self lorsqu'elle est négative dans la capacité.

Lorsque la self absorbe de l'énergie fournie par la source, elle l'emprunte à la capacité, si la capacité ne peut pas la fournir en totalité, la source fournit la différence, mais seule cette différence circule dans le circuit reliant la source et l'ensemble self-capacité.

Dans un condensateur, lorsque la source fournit de l'énergie, le condensateur se charge, lorsque la source absorbe de l'énergie, le condensateur se décharge c'est le diélectrique qui emmagasine l'énergie.

Inconvénients de la circulation de la puissance réactive

Le passage de la puissance réactive dans le réseau constitue un handicap. Pour un distributeur, le transport de quantités importantes d'énergie réactive sur ses réseaux se traduit donc par une augmentation de l'amplitude et du déphasage du courant, ce qui présente essentiellement des inconvénients se situant au niveau :

Du dimensionnement des réseaux (puissance apparente plus élevée).
Du coût d'exploitation (pertes joules plus importantes).
De la qualité du service et delà sécurité d'exploitation (chutes de tension plus élevées).

Remède

Pour pallier ses inconvénients, le distributeur utilisera deux catégories des moyens :

Il appliquera aux clients consommateurs une réglementation et une tarification ayant essentiellement pour but de maintenir les échanges d'énergie réactive entre les clients et le réseau dans les limites techniques et économiques globalement acceptables (seul, en effet, l'énergie active est réellement vendue et fait l'objet d'une tarification détaillée et précise) ; et interdira aux clients de fournir de l'énergie au réseau de la distribution.

Il cherchera une répartition appropriée sur les réseaux des différents moyens de production et d'absorption de l'énergie réactive. Dans ce cas, le distributeur cherchera à produire l'énergie réactive aussi près que possible de son lieu d'utilisation par l'intermédiaire des condensateurs.

I.10.2. Amélioration du facteur de puissance d'un réseau

Le facteur de puissance d'un réseau est le rapport de la puissance active dissipée dans un circuit électrique à la puissance apparente.

$$\cos\varphi = \frac{VI\cos\varphi}{VI} \tag{1.5}$$

Lorsqu'un un réseau transporte une puissance réactive importance, son facteur de puissance $\cos\varphi$ est faible.

Pour utiliser ce réseau dans les meilleures conditions, c'est-à-dire pour lui faire transporter à peu près exclusivement de la puissance active, il faut produire la puissance réactive là ou elle est absorbée ; cela revient à faire passer le facteur de puissance du réseau d'une valeur $\cos\varphi$ à une valeur $\cos\varphi'$ aussi proche que possible de l'unité.

Les capacités étant capables de produire de la puissance réactive, on installera, entre chacune des phases et un point neutre isolé, une batterie de condensateur de valeur convenable.

I.10.2.1. Calcul des la capacité à installer

Avant toute installation de condensateurs, chaque phase du réseau transporte une puissance active $P = VI\cos\varphi$ et une puissance réactive $Q = VI\sin\varphi$. Pour relever le facteur de puissance de $\cos\varphi$ à $\cos\varphi$, la figure montre qu'il faut fournir une puissance réactive Qc représentée par la valeur AD.

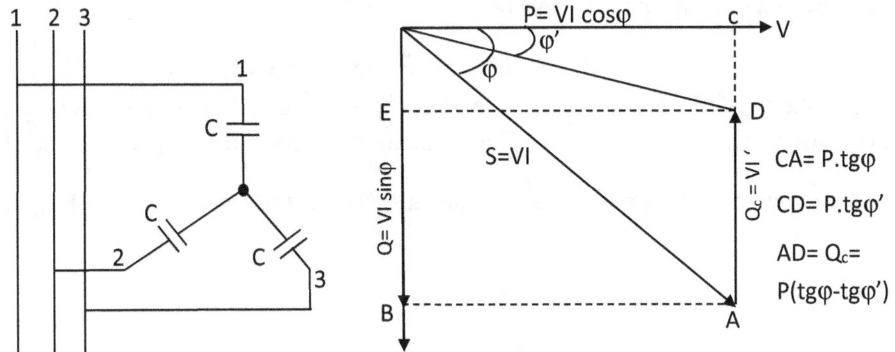

Figure I.10. Capacité à installer

Comme le courant I dans un condensateur est égal à **i'=cvw**

La puissance réactive qu'il est capable de fournir **Qc=vi'=cv²w**

La capacité sera $C = \dfrac{p(tg\varphi - tg\varphi')}{wV^2}$

Comme c'est triphasé, y a trois capacités identiques, mais la puissance réactive totale de l'installation produire par la batterie sera :

QT= 3Qc=3CV²w=CU²W   (1.6)

I.10.2.2. Influence de la température ambiance

La durée de vie des éléments de condensateurs dépend de la température atteinte en service ; elle décroît rapidement lorsque cette température est maintenue pendant un temps notable à une valeur excessive.

L'installation d'une batterie nécessite d'adapter une disposition assurant une ventilation uniforme et correcte de tous les éléments.

Les normes prévoient que les condensateurs doivent supporter en service continu quand la température ambiante est inférieure ou égale à 40°C.

1.11. ETUDE DE SURTENSIONS (⁹)

Les réseaux de transport d'énergie électrique sont un siège des surtensions qui peuvent provenir de deux origines :
- D'Origine externe, comme la foudre
- D'origine interne, comme les surtensions de manœuvres.

- (⁹) DIESE, Cours de la protection, DISPATCHER TKI/DDK/SNEL, 2013.

1.11.1. Surtensions d'origine externe

Il existe des nuages chargés d'électricité et dont le potentiel vis-à-vis de celui de la terre peut atteindre plusieurs dizaines de millions de volts. Il se produit donc des décharges d'élasticité, des éclairs, soit entre deux nuages, soit entre un nuage et la terre.

Les décharges causent des surtensions dans les circuits qui peuvent avoir plusieurs causes :

Coups de foudre directs :

Les coups de foudre sont des décharges de polarités en général négatives, pouvant dépasser 200 kA, mais atteignent en moyenne 40 à 60 kA. Ces coups de foudre, frappant un conducteur de phase, causent une tension proportionnelle à l'intensité du courant de décharge et à l'impédance caractéristiques du circuit.

Un coup de foudre sur un conducteur de terre ou un support cause une différence de potentiel aux bornes des isolateurs pouvant provoquer des amorçages. Cette différence de potentiel est due à la chute de tension crée par l'impédance de la connexion à la terre.

Coups de foudre indirects

Les coups de foudre frappent un point au voisinage d'une installation produisent des surtensions par induction électromagnétique (due au courant de décharge) qui sont beaucoup plus dangereuses que les coups de foudre directs.

1.11.2. Surtension d'origine interne

1°. Surélévation de tension

C'est le cas lors de la mise à la terre d'une phase (des longues lignes à vide) alors que le neutre est isolé à la terre. Ces surélévations de tension ne dépassent pas 1,7 à 1,8 fois la tension de service.

2°. Surtensions de commutation

Tout changement de configuration de réseau s'accompagne de surtensions plus ou moins importantes. Les plus graves sont dues en particulier aux coupures de lignes à vide, ou de transformateurs. Ces surtensions peuvent atteindre au maximum 2 (neutre à la terre) à 5 (neutre isolé) fois la tension normale.

3°. Surtensions dues à des arcs à la terre

Les arcs à la terre dans le cas où le neutre est isolé créent à chaque réamorçage, des trains d'ondes à tension élevée. Atteignant 4 ou 5 fois la tension normale.

4°. Surtensions d'origine magnétique

Les surtensions se produisant lorsque les caractéristiques des certains éléments du réseau (en particulier les enroulements à noyaux ferromagnétiques) permettent une résonnance à la fréquence du réseau ou plus couramment à une fréquence harmonique.

I.12. DISPOSITION DE PROTECTION CONTRE LES SURTENSIONS

1.12.1. Les dispositifs de protection contre les surtensions ([10])

Ils sont Eclateurs et parafoudres sont les dispositifs utilisés pour écrêter, limiter les surtensions transitoires de forte amplitude. Ils sont généralement dimensionnés pour intervenir sur les surtensions de foudre.

1.12.1.1. Les éclateurs

Ils sont utilisés en MT et HT, ils sont placés sur les points de réseaux particulièrement exposé et à l'entrée des postes MT/BT leur rôle est de constituer un point faible maitrise dans l'isolement du réseau, afin qu'un amorçage éventuel se produise systématiquement là. Ils comportent 2 électrodes isolées entre elle dont l'une est reliée au conducteur lorsqu'une valeur de tension déterminée est atteinte. La forme des électrodes peur être variable s suivant les cas ci-après :

1.12.1.2. Les éclateurs à pointes

C'est le plus ancien des appareils de protection, il était constitué de deux points en vis-à-vis ; appelées électrodes, dont l'une était reliées au conducteurs à protéger et l'autre à la terre de protection, solution simple, mais peu efficace.

([10])D. FULCHIRON, Cahier technique Merlin Gerin N°151, 1992, p.14

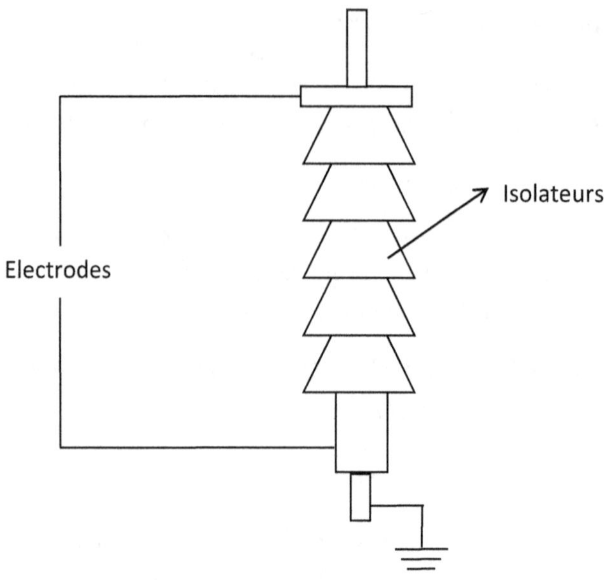

Figure .I.11.

1.12.1.3. Les éclateurs à cornes

Tels ceux utilisées sur les réseaux MT, les éclateurs dit » anti-oiseaux » sont constitués de 2 cornes destinées à provoquer un allongement de l'arc, entre les quelle est placée une tige verticale empêchant un oiseau de court-circuiter les deux cornes. Ce dispositif est simple assure efficacement et économique.

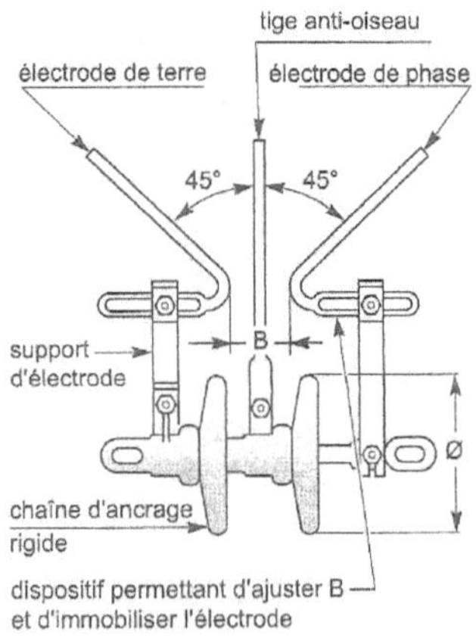

Figure I.12. Un éclateur MT avec tige anti-oiseaux.

Ce type d'éclateur présente des nombreux inconvénients :

➤ La tension d'amorçage présente une dispersion importante, en effet, elle dépend fortement des conditions atmosphériques

➤ Le niveau d'amorçage dépend aussi de l'amplitude de la surtension

➤ Le retard à l'amorçage est d'autant plus long que la surtension est faible.

Il peut s'agir, pour les lignes de transport HT, des dispositifs plus élaborés, les électrodes d'amorçages étant complétées par des anneaux destinés à éliminer les effluves de l'effet couronne.

1.12.1.4. Intérêts et inconvénients

Le principal intérêt des éclateurs est leur faible prix, c'est la raison pour laquelle ils sont très répandus sur le réseau, en particulier sur les réseaux de distribution MT. Les éclateurs sont facilement réglables, de sorte que leurs caractéristiques peuvent être ajustées selon l'altitude et la fonction qu'ils ont à assumer : éclateur de coordination d'un poste ou éclateur d'ultime protection d'un transfo.

➤ En général, les éclateurs ne se désamorcent pas d'eux-mêmes, ils provoquent donc une mise hors tension du réseau après chaque fonctionnement. De ce fait ils ne peuvent pas être prévus pour protéger contre les surtensions de manœuvres.

➤ Le fonctionnement d'un éclateur provoque une onde coupée à front raide.

Il peut découler :

➤ des surtensions dues à des réflexions dans le cas de réseaux aérosouterrains

➤ Des avaries du matériel bobiné placé au voisinage

• Le niveau d'amorçage des éclateurs dépend fortement des conditions atmosphériques.

• Le givre peut s'accumuler sur les électrodes de l'éclateur diminuant la distance d'amorçage, et provoquant des fonctionnements intempestifs.

Afin d'éviter les inconvénients inhérents au principe de l'éclateur, une nouvelle catégorie d'appareils de protection a été développée : les parafoudres.

1.12.2.1. Les parafoudres

Leurs avantages est de ne pas présenter un courant de suite et d'éviter que le réseau soit mis en court-circuit puis hors tension après amorçage. Différents modèles ont été conçus : parafoudre à filet d'eau, parafoudre à gaz. Seuls les types les plus répandus sont présentes dans les lignes qui suivent. Ils sont utilisés sur les réseaux HT et MT.

1.12.2.2. Les parafoudres à résistances variables et éclateurs

Ce type de parafoudre associe en série des éclateurs et des résistances non linéaires (varistance) capables de limiter le courant après le passage de l'onde de choc. Diverses techniques ont été utilisées pour la réalisation des parafoudres à varistances et éclateurs. Les plus classiques utilisent une résistance au carbone de silicium (sil).

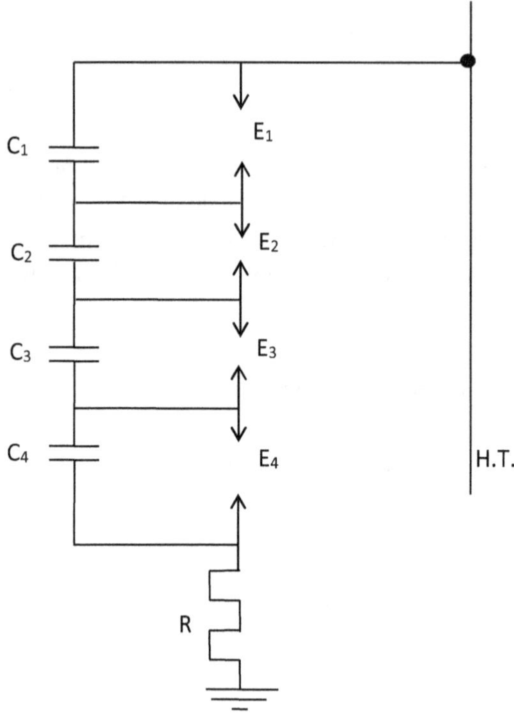

Figure I.13.

Ce type de parafoudre est caractérisé par :

➢ Son pouvoir d'écoulement de courant de choc, c'est-à-dire la capacité de dissipation

➢ Ses tension d'amorçage suivant les formes d'ondes (fréquence industrielle, choc manœuvre, choc de foudre,…) ; elles sont définies statistiquement.

➢ Sa tension d'extinction, ou tension assignée, qui est la tension à fréquence industrielle laquelle le parafoudre peut désamorcer spontanément. Elle doit être supérieure à la plus forte surtension temporaire à fréquence industrielle susceptible d'apparaître sur le réseau.

➢

1.12.2.3. Les parafoudres à oxyde de zinc (ZnO)

Ils sont constitués uniquement des varistances et remplacent de plus en plus en plus les parafoudres à résistances variables et éclateurs. L'absence d'éclateurs fait que le parafoudre à Zn0 est continuellement conducteur mais, sous la tension nominale du réseau protégé, avec un courant de fuite à la terre très faible (inférieure à 10 mA).

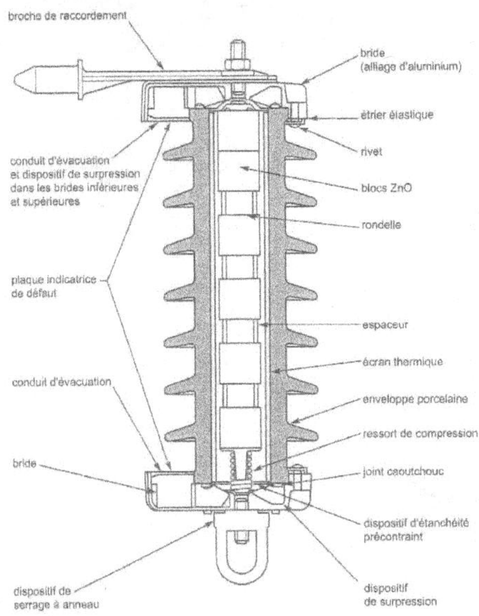

Figure I.14. Structure d'un parafoudre Zn 0 en enveloppe porcelaine pour le réseau 20 kV.

Le principe de fonctionnement des parafoudres à oxyde de zinc est très simple et repose sur le caractère fortement non linéaire des varistances à Zn0.

Les parafoudres ont pour avantages des performances des limitations et une fiabilité accrue par rapport aux parafoudres à carbures de silicium.

Un parafoudre à Zn0 est caractérisée par :

> Sa tension maximale de service permanent (12,7 kV)

> Sa tension assignée (24kV) qui peut être par analogie avec les parafoudres à carbure de silicium, à la tenue aux surtensions temporaires.

> Le niveau de protection ; défini arbitrairement comme la tension résiduelle (<75kV) du parafoudre soumis à un choc donné.

> Le courant nominal de décharge pour une onde de 8/20µS (5KA).

> La tenue au courant de choc pour une onde de 4/10 µS (65 kA).

1.12.2.4. Les parafoudres à expulsion

Ce sont des éclateurs possédant un pouvoir de coupure appréciable, l'électrode (1) est reliée à la HT, l'électrode (3) à la terre, entre les deux se trouve une tube (2) constitué d'une matière isolante dégageant des gaz dés ionisants au contact de l'arc, ces gaz soufflent l'arc vers le bas.

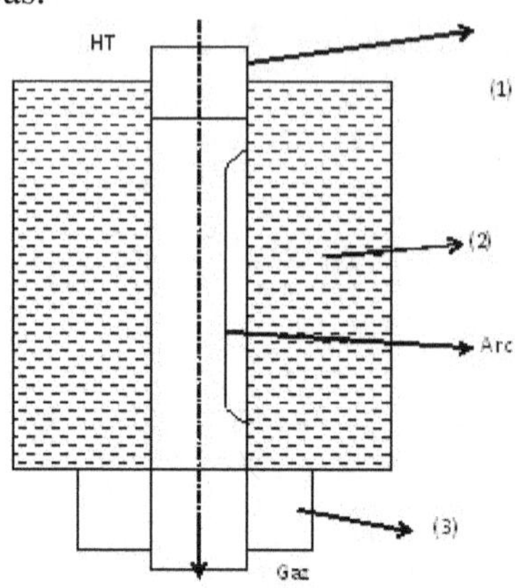

Figure I.12.

SCHEMA D'INSTALLATION D'ECLATEURS (POUR DE PARAFOUDRE) SUR UN POSTE

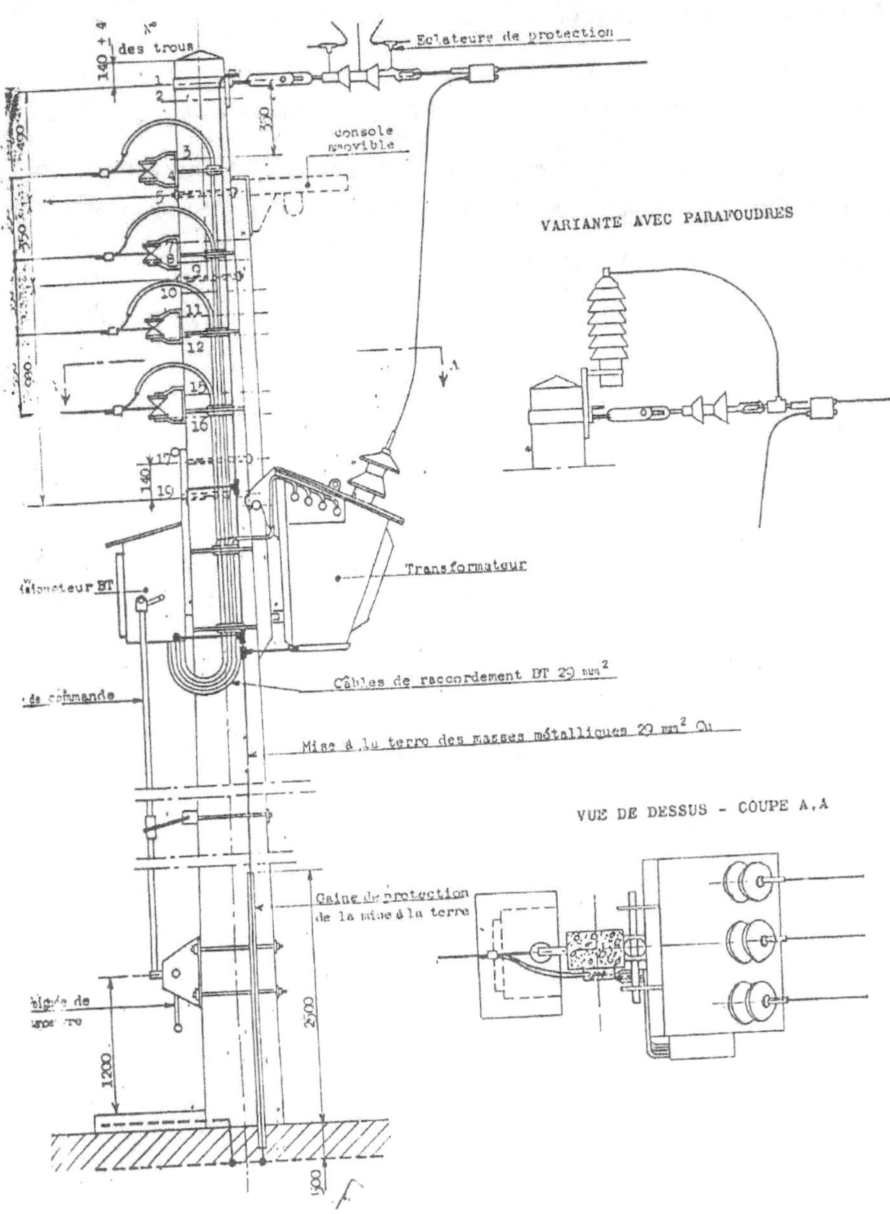

N°
des trous
140 + 4
console amovible
Eclateurs de protection
VARIANTE AVEC PARAFOUDRES
Transformateur
Disjoncteur BT
de commande
Câbles de raccordement BT 29 mm²
Mise à la terre des masses métalliques 29 mm² Cu
Gaine de protection de la mise à la terre
ligne de mesure
VUE DE DESSUS - COUPE A,A

1.12.2.5 Réalisation des mises à la terre.

Les mises à la terre dans les postes sont établies en vue d'y protéger les personnes et les matériels ainsi que les installations à BT qui y sont raccordées.

Tout poste doit posséder une terre des masses et une terre du neutre BT pour le transformateur de puissance, et une terre pour la mise à la terre des éclateurs MT.

Résistance de terre MT $\leq 1\Omega$ et BT $\leq 10\Omega$

MISE A LA TERRE D'UN POSTE DE TRANSFORMATION D'ABONNE

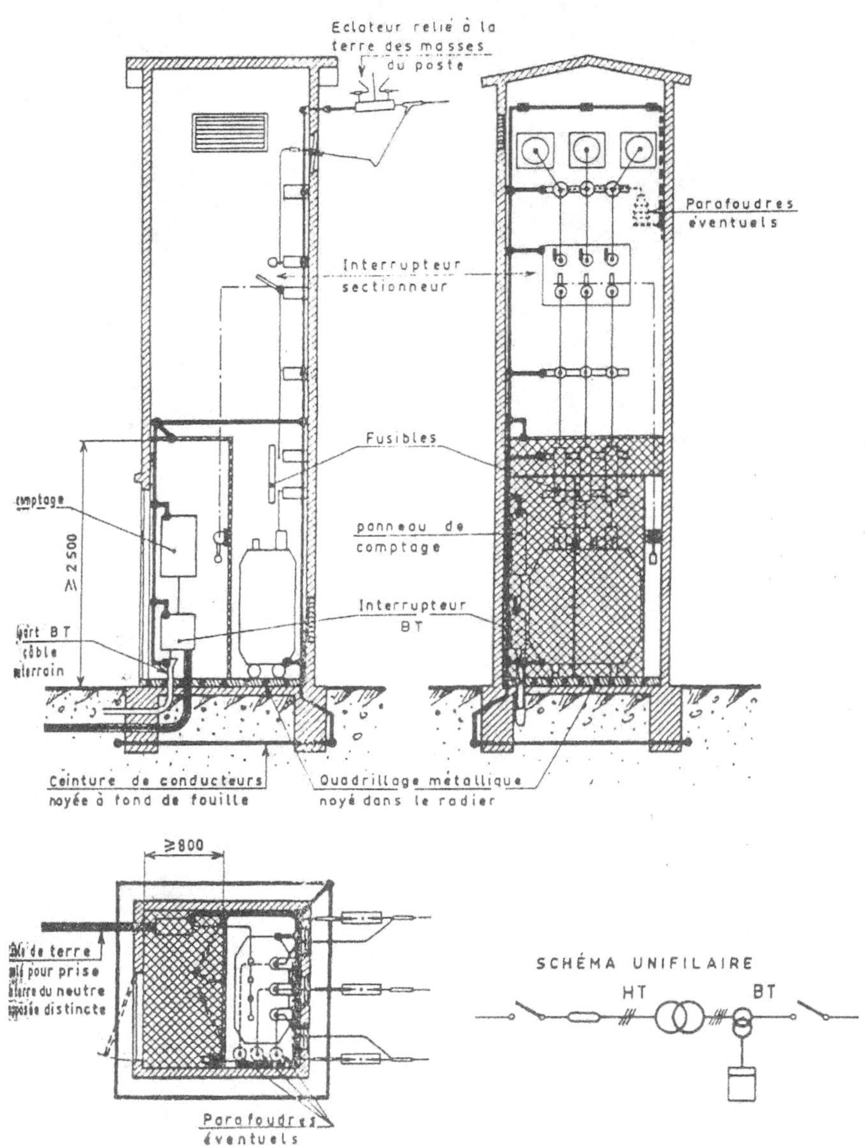

Eclateur relié à la terre des masses du poste
Parafoudres éventuels
Interrupteur sectionneur
Fusibles
panneau de comptage
comptage
Interrupteur BT
départ BT câble souterrain
Ceinture de conducteurs noyée à fond de fouille
Quadrillage métallique noyé dans le radier
≥ 2 500
≥ 800
Mise de terre séparée pour prise de terre du neutre posée distincte
Parafoudres éventuels
SCHÉMA UNIFILAIRE
HT
BT

Chapitre II :
THEORIES DES GRAPHES ET MATRICES TOPOLOGIQUES DES RESEAUX

II.1. Introduction

Le calcul matriciel des réseaux électriques a été introduit par Gabriel Kron en 1939-1988 aux U.S.A son usage est cependant resté très limité jusque vers les années 1950. Cela tient à ce que les applications que l'on peut en faire à la main apparaissent compliquées pour l'intérêt qu'on peut en tirer pour les réseaux (les travaux principaux de Gabriel Kron portaient sur les machines(. Mais le développement des machines à calculer à ouvert un champ immense à ce type de calcul.

Cependant les méthodes de calcul matriciel qui vaut être exposées diffèrent de celle de Gabriel Kron restée volontairement une méthode générale d'étude de tous les réseaux électriques. Or, dès que des « forces électromotrices » sont placées en série dans les branches, on est conduit à laser les calculs sur la loi des mailles et c'est ce que fait G Kron. Mais dans les réseaux d'énergie électrique, toutes les f.é.m. sont extérieures, et il est plus simple de s'en tenir à la loi des nœuds et à l'expression de la chute de potentiel dans chaque branche.

Ce chapitre se limite à exposer les méthodes de calcul matriciel utilisées dans l'étude des réseaux électrique.

II.2. Description de la topologie des réseaux ([11])

II.2.1. La topologie des réseaux

L'étude d'un réseau électrique nécessite que l'on établisse d'abord son schéma, c'est-à-dire que l'on fasse :

– d'une part la liste des postes
– d'une part la liste des lignes

Mais, du point de vue électrique, un poste n'est représentable par un simple nœud de réseau maille que s'il se comporte qu'un jeu de barres (poste de coupure). En effet un transformateur constitue une branche du réseau. Au même titre qu'une ligne, et les jeux de barres aux quels il est raccordé sont autant de nœuds ou peut donc en définitive décompter n. nœud et B. branches et l'on sait que l'on a nécessairement :

([11]) R. PELISSIER, les réseaux d'énergies électrique ,Dunod ,Tome 1,Paris,1971,p47

47

$$n - 1 \leq b \leq \frac{n(n-1)}{2} \qquad\qquad \text{(II.1)}$$

– ces inégalités supposent que l'on acompte que pour une liaison plusieurs lignes en parallèle à leurs deux extrémités, ou des transformateurs en parallèle.

– Le cas n-1=b est celui du réseau radial

Le rapport $\frac{b}{n-1} - 1$

Caractérise le degré de maillage, en pratique, il reste très inférieur à sa valeur maximale $(\frac{n}{2} - 1)$

La description du réseau comporte donc :

– La liste des branches, avec indications de leurs caractéristiques
– Le repérage des branches aboutissant à chaque nœud

Mais l'utilisation des machines à calculer arithmétiques conduit à substitue à ce schéma une codification pour l'indentification des nœuds et des branches. Chaque code peut être une suite de lettres ou numéro.

Par exemple pour le réseau de transport d'énergie on a défini :

• Un code des nœuds, constitué de lettres, à savoir :
– Cinq lettres qui sont généralement les cinq premières de son nom réel
– Une lettre qui indique la fonction, c'est-à-dire s'il s'agit d'une centrale, d'une poste de réseau ou d'abonné
– Deux ou trois lettres ou chiffres précisant de quelle partie du poste il s'agit (cellule jeu de barres, etc.) et quel est son niveau de tension
• Le code des branches se déduit du code des nœuds puisqu'il reproduit les cinq lettres du premier poste (d'après le classement alphabétique) et les cinq lettres du second, avec entre ces deux groupes de lettres le numéro à deux chiffres à effectuer (arbitrairement) à la ligne dans le premier poste. Ces deux chiffres sont indispensables dans le cas de liaison multiples entre deux postes.

Il faut remarque que cette codification oriente systématiquement les branches, et que l'on indiquera donc les transits en valeurs algébriques sans ambiquité.

Pour les réseaux électriques de distribution dans lesquels les nœuds ne portent généralement pas de nom, une implication apparait lorsqu'ils sont de structure radiale, ce qui est généralement le cas.

– Le code des nœuds est un numéro d'ordre (en général à 3 chiffes) tel que le numéro d'un nœud (qui est en général un point de dérivation) soit toujours supérieur à celui des nœuds que l'énergie à du traverser pour arriver jusqu'à lui. Cette règle est facile à observe et permet toute addition d'antennes ou de dérivation d'une antenne sur une autre, entraine en général un renversement du transit sur cette dérivation, et donc une modification de la codification.

Le jeu de barres du poste alimentant le réseau est le premier nœud de ce réseau. On l'affecte du numéro 0 car il n'intervient pas dans les calculs.

– Le code des branches se déduit comme suite : en effet d'affecter à chaque branche le numéro du nœud auquel elle aboutit elle est ainsi automatiquement orientée.

Les réseaux de distribution bouclés ou maillés posent un problème de codification plus délicat que l'on résout en tenant compte des particularités de leur structure.

L'usage des calculateurs arithmétiques donne un intérêt certain aux considérations topologiques dans les réseaux électriques, car, que ces calculateurs ne puissent pas lire les schémas. (Comme c'est actuellement le cas) ou qu'ils soient équipés d'organes périphériques capables de le faire (ce qui se réalisera probablement), il faut passer nécessairement par une description matricielle de la topologie du réseau électrique avant de transmettre l'ensemble des données à l'organe de calcul de la machine

Pour décrire la topologie d'un réseau électrique quelconque à b nombre de branche et n nombre de nœuds, le plus simple est de former la liste des branches en donnant pour chacune dans l'ordre (défini par la codification) le nœud è dont elle part et le nœuds J ou elle arrive.

Il est souvent plus commode d'utiliser une forme matricielle. On appelle alors matrice topologique du réseau une matrice qui définit les positions relatives des branches et des nœuds. Il en existe plusieurs qui seront définies et étudiées plus loin.

II.2.2. les problèmes liés aux couplages des transformateurs

La description topologique des réseaux comprennent plusieurs échelons de tension s'est complète que si l'on indique la correspondance des phases entre le primaire et le secondaire des transformateurs (et le tertiaire évidemment s'il en existe un) les fermetures de boucles ne peuvent bien sur se faire qu'en concordance de phases, mais même les reports de dérivations de réseaux radicaux d'une antenne sur une autre doivent respecter la succession des phases. En effet :

– D'une part on réalise souvent les reports en bouclant quelques minutes le réseau, afin d'éviter la coupure des usagers
– D'autre part le sens de rotation des moteurs ne doit pas être inverse

L'existence de trois possibilités de couplages :

– En étoile

- En triangle
- En Zig-ag

Et de deux sens de branchement de chaque bobinage conduit à six possibilités pour répéter celles-ci, à partir d'un réseau pris comme référence arbitraire, et qui sera naturellement le réseau général d'interconnexion à la plus haute tension, on utilise des « indices horaires »

Dans un indice horaire, les 3 phases des tensions successives sont repérées sur un cadran horaire selon les positions relatives qu'elles occupent au même instant.

On pose que la phase 1 du réseau indique midi (ou zéro heure) et on lui donne l'indice 0.

Le réseau repère aura donc l'indice 0, 4,8 puisque les tensions des deux autres phases sont en retard respectivement de $2\pi/3$ et $4\pi/3$ (le sens positif de rotation étant le sens inverse des aiguilles d'une montre).

Un couplage 0, 8,4 est possible, mais ferait tourner les moteurs en sens inverse ; il est donc systématiquement présent ainsi que tous les autres couplages en sens inverse.

Tous les réseaux couplés en réseau repère par des transformateurs étoile-étoile on nécessairement comme indices :

- 0, 4,8 si les bobines sont raccordées dans le même sens,
- 2, 6,10 si les bobinages sont raccordés en oppositions

Sur un réseau couplé au réseau repère par un transformateurs-étoile-triangle, un décalage de 30° apparait qui correspondant aux indices :

- 3, 7,11 pour un sens des bobinages
- 1, 5,9 pour l'autre sens des bobinages

Enfin le couplage étoile-zig-zig conduit aux mêmes indices horaires que ci-dessus.

L'identité des indices horaires pour des réseaux voisins d'un même échelon de tension est souhaitable puisque les manœuvres peuvent se faire avec le minimum de précaution. Malheureusement en pratique des restes de situations passées ont pour conséquence d'indices horaires.

Actuellement à la SNEL tous les réseaux 400-225-150 et 190 KV sont à l'indice horaire 0, 4,8.

Enfin, pour être complet, il faut préciser le régime du neutre, du point de vue topologique, régime qui peut être :

–   L' neutre isolé

–   Le neutre directement à la terre (ce qui suppose qu'il est accessible sur les enroulements des transformateurs) en un seul ou en plusieurs points du réseau

–   Le neutre à la terre par une impédance homopolaire, qui peut être une résistance pure, une impédance avec parties réelle et imaginaire, une inductance pure, et dans ce cas elle peut être « accordée » sur la capacitance du réseau alimenté ;

–   Un conducteur neutre accessible au branchement des usagers (branchements monophasés possibles), mis à la terre en un ou plusieurs points ;

–   Le neutre à la terre par une bobine triphasée, que l'on utilise dans le cas om le neutre n'est pas accessible sur les transformateurs

Dans les cas autres que le dernier, seuls les branchements triphasés on monophasés entre phases sont possibles.

II.2.3. L'état électrique d'un réseau d'énergie peut être caractérise de quatre façon différentes à savoir

–   Soit par l'un des deux groupes de ses caractéristiques externes ;
–   Les tensions V imposées en chaque nœud ;
–   Ou les courants J injectés en chaque nœud ;

Il n'ya donc plus que (n-1) tension et (n-1) injections indépendantes. On montrer plus loin dans le travail, que l'on peut encore écrire le système (II b) de n équations, mais comme celles-ci ne sont plus indépendantes, le système a n'est plus que d'ordre (n-1) et dépendre du choix du nœud bilan l'équation n'est évidemment plus valable.

Dans un réseau maille de dipôles, le nœud-bilan devra être choisi avec soin selon les circonstances :

–   Si la tension est effectivement rigoureusement tenue en un nœud, ce nœud sera choisi comme nœud-bilan ;

–   Sinon on choisira un nœud très important du réseau car, en un tel nœud, d'une part, il arrive de nombreuses lignes (d'où un calcul facile des tensions aux nombreux nœuds voisins), d'autre par la puissance de court-circuit sera élevée, ce qui laisse espérer que la tension variera peu lorsque le régime du réseau variera ;

–   Dans certains cas, des choix particuliers s'imposeront, par exemple le choix d'un nœud à la limite du réseau, interconnecté avec un autre réseau lui aussi à étudier, etc.

Dans un réseau radial le nœud-bilan est évidemment celui les (n-1) injections indépendantes sont, au signe près, les charges alimentées par le réseau.

Les systèmes d'équations entre courants et tension s'écrivent alors directement sous forme de systèmes d'ordre (n-1) = b. nous allons voir maintenant comment on peut passer des équations grâce aux matrices topologiques que l'on peut définir dans les différents types de réseaux que l'on à mentionnés.

II.2.4. Propriétés des matrices topologiques des réseaux mailles (représentation en graphe) [12]

La matrice topologique (T) est définie pour tout réseau maillé à n nœuds et B branche (ici dans les sens de liaison représentées par dipôles ou quadripôles) comme la matrice rectangulaire à n lignes et B colonnes dans la quelle les éléments d'une colonne sont tous nuls sauf deux :

– Celui de la ligne i correspondant au nœud i dont par la branche, et qui est égale à +1 ;

– Celui de la ligne j correspondant au nœud j où elle aboutit et qui est égal à -1.

Cette structure donne à la matrice topologique des propriétés particulières dont on verra au cours de ce chapitre les conséquences. La codification définie ci-dessus aux points (II.2.1) conduit à placer le (+1), mais un autre classement des branches peut conduire à une autre disposition dans certains calculs seule une ou quelques colonnes de la matrice (T) interviennent. On notera alors les matrices partielles uni colonnes ou multi colonnes avec un indice forme du ou des numéros des branches correspondantes soir. (T^i).

---

[12] R .PELISSIER, les réseaux d'énergies électrique   ,Dunod ,Tome 1,Paris,1971,p55

II.3. *Illustration des graphes et matrices topologiques des réseaux*

En titré illustratif, soit un réseau désigné par son graphe (réseau maillés)

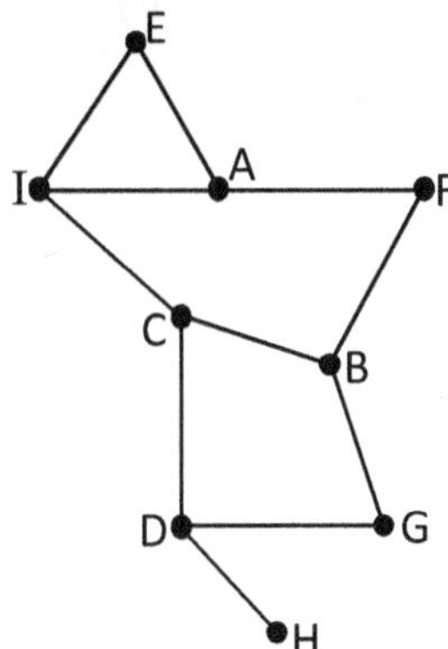

Sa matrice topologique est donnée par le tableau ci-dessous

	AC	AE	AF	AI	BC	BF	BG	CD	CI	DG	DH	EI
A	+1	+1	+1	+1								
B					+1	+1	+1					
C	-1				-1			+1	+1			
D								-1		+1	+1	
E		-1										+1
F			-1			-1						
G							-1			-1		
H											-1	
I			-1						-1			-1

(Les zéros où été omis dans les cases vides)

Figure 2 .1

Soit par l'un des deux groupes de ses caractéristiques internes :

– Les écarts de tension V le long des branches,
– Les courants I circulant dans les banches

En toute rigueur, il faudrait donner à ces grandeurs la forme de :

– Matrices uni colonnes pour les tensions,
– Matrices uni lignes pour les courants.

Cela permettrait une analyse tensorielle, liée à la distinction entre grandeurs variantes (les tensions) et contra variantes (les courants).

Pour les besoins des études de réseaux, il suffit de s'en tenir plus simplement à l'aspect matriciel, où les courants comme les tensions seront des matrices uni colonnes, les unes à n éléments et d'autres à b éléments.

Entre les matrices à b éléments $|\Delta V|$ et $|I|$, existe une relation facile à écrire :

(2a)   (II.2)

$$|\Delta V| = |Z| \cdot |I|$$

ou

(2b)   (II.3)

$$|I| = |y| \cdot |\Delta V|$$

En appelant :

$|z|$ la matrice des impédances de branche, qui est une matrice diagonale d'ordre b dont les éléments diagonaux sont respectivement égaux aux impédances de chacun branche (représentées par des dipôles) ;

$|y|$ la matrice des admittances de branche, qui est aussi une matrice diagonale mais formée avec les admittances de chaque branche.

On a donc :

$$|Z| \cdot |y| = 1 \qquad\qquad\qquad \text{(II.4)}$$

Les relations, par contre, que l'on peut écrire entre les matrices uni colonnes $|V|$ et $|J|$ soulèvent quelques difficultés. On le voit en cherchant à exprimer ces relations en partant des relations $(2a)$ ou $(2b)$, car il faut exprimer les courants injectés J en fonction des courants de branche I, et les tensions aux nœuds V en fonction des écarts de tension ΔV dans les branches. On voit immédiatement que les tensions V ne peuvent ainsi être définies qu'à une constante près. Cette constante sera déterminée par le choix du nœud om la tension pourra être fixée, soit parce qu'elle y est manifestement nulle, soit parce qu'on peut la choisir arbitrairement.

➢ Le premier cas est celui des réseaux dont les liaisons (lignes ou transformateurs) sont représentées par des quadripôles (on dira brièvement réseau de quadripôles). En effet dans l'étude des régimes symétriques (direct ou inverse) le courant dans le neutre est nul, et en tout point de ce neutre (qui est généralement fictif) la tension est nulle.

Ce neutre commun à toutes les « portes » (entrées ou sorties) des quadripôles sera pris comme nœud de référence. Dans l'étude des régimes homopolaires, le neutre n'est plus à tension, nulle, mais les schémas en pi équivalents permettent de calculer en chaque nœud du réseau la tension qui y apparait par rapport à la tension du sol qui est réputée être nulle, au moins en régime permanent ; on retrouve donc encore un nœud de référence commun.

Mais alors un réseau formé de i liaisons (lignes ou transformateurs), représentées chacune par un quadripôle, devient un réseau à 3 i branches qui, en fait, se réduisent à $b=i+n$ puisque toutes les admittances latérales des quadripôles aboutissant à un même nœud s'additionnent naturellement.

Mais *si l'on fixe les n tensions v aux nœuds*, c'est-à-dire les tensions entre les nœuds du réseau et le neutre pris comme nœud de référence, l'état électrique du réseau est entièrement déterminé puisqu'on en déduit facilement les ΔV des branches.

De même si l'on fixe les n courants injectés J, en faisant l'hypothèse que le courant $J_o=\sum J$ « sorts » par le nœud de référence, l'état électrique du réseau est aussi entièrement déterminé.

En conclusion, dans un « réseau de quadripôles » à n nœuds, les équations reliant les tensions aux nœuds V et les courants injectés J forment un système linéaire d'ordre n :

$$|V|=|Z_0|.|J| \tag{II.5}$$

$$|J|=|Y|.|V| \tag{II.6}$$

$|Z_O|$ est la matrice des impédances de transfert,

$|Y|$ est la matrice des admittances en court-circuit.

Ce sont deux matrices symétriques (on l'a démontré au paragraphe 1 par application du théorème de réciprocité) telles que :

$$|Z_0|.|Y|=1 \tag{II.7}$$

> Le second cas à étudier est celui où toutes les liaisons sont représentées par des dipôles (réseau de dipôles). On ne pourra calculer les tensions V qu'après avoir fixé arbitrairement la tension en un nœud dit nœud-bilan, soit Vo.

D'autre part dans ces réseaux la somme des courants injectés est nécessairement nulle en régime permanent :

$$\sum J = 0.$$

II.4. Illustration des graphes et matrices topologiques des réseaux

Soit un réseau désigné par son graphe (réseau radial)

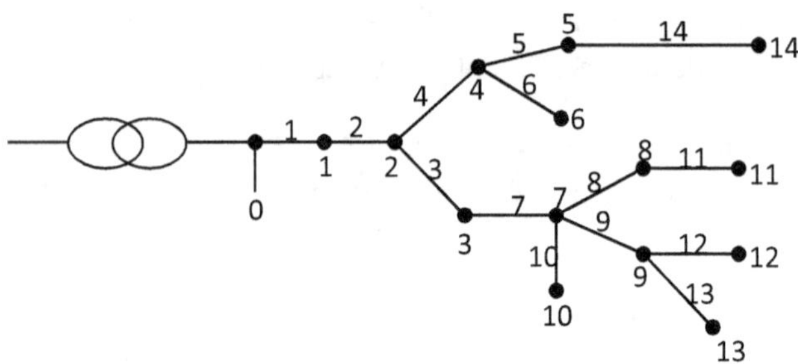

Figure 2.2

Sa matrice topologique est donnée par le tableau ci-dessous

	1	2	3	4	5	6	7	8	9	10	11	12	13	14
1	-1	+1												
2		-1	+1	+1										
3			-1				+1							
4				-1										
5					-1									+1
6						-1								
7							-1	+1	+1	+1				
8								-1			+1			
9									-1			+1	+1	
10										-1				
11											-1			
12												-1		
13													-1	
14														-1

Matrice topologique T

	1	2	3	4	5	6	7	8	9	10	11	12	13	14
1	1	1	1	1	1	1	1	1	1	1	1	1	1	1
2		1	1	1	1	1	1	1	1	1	1	1	1	1
3			1				1	1	1	1	1	1	1	
4				1	1	1								1
5					1									1
6						1								
7							1	1	1	1	1	1	1	
8								1			1			
9									1			1	1	
10										1				
11											1			
12												1		
13													1	
14														1

Matrice topologique A

(Les zéros où été omis dans les cases vides)

Figure 2 .3 ; Matrices topologiques T et A du réseau radial

Dans le cas des réseaux radiaux dont les branches sont des dipôles on a déjà noté que : b=n − 1. Si l'on écrit la même matrice topologique que pour les réseaux maillés, on obtient une ligne de plus que de colonnes. Mais la première ligne est toujours constituée d'un 1 dans la première colonne et de 0 dans les autres, puisque la première branche part toujours du premier nœud. On ne se prive donc d'aucune information sur le réseau en supprimant cette première ligne. La matrice $|T|$ ainsi obtenue est une matrice carrée, ce qui a les avantages que l'on va voir. On adoptera la même notation $|T|$ que pour les réseaux maillés, malgré la différence de définition parce qu'il ne peut pas y avoir de confusion.

Auparavant remarquons que les courants J de la relation (1) ne sont autres, au signe près, que les charges alimentées par le réseau, soit K, = - J_I.

$$|K| = - |T|.|I| \qquad (II.8)$$

K étant la matrice unicolonne des courants de charge,

I étant la matrice unicolonne des courants de branche.

La matrice $|T|$ étant cette fois bien une matrice carrée, on peut en faire l'inversion, et, avec un changement de signe, écrire :

$$|I| = |A|.|K| \qquad (II.9)$$

Avec

$$|A|.|T| = -|1| \qquad\qquad (II.10)$$

La figure 2.3 donne un exemple de matrices topologiques $|T|$ et $|A|$.

La matrice $|A|$ peut s'écrire directement puisque dans la ligne correspondant à la branche i les éléments sont 1 ou 0, suivant que la colonne où ils sont placés correspond à un sommet alimenté en énergie à travers la branche i ou non.

De plus la codification mentionné ci-dessus, qui consiste à donner à une branche le numéro d'ordre du nœud auquel elle aboutit, donne aux matrices $|T|$ et $|A|$ une allure simple :

-    pour la matrice $|T|$ tous les éléments (-1) sont regroupés sur la diagonale principale, alors que les éléments + 1 restent au-dessus de cette diagonale (il n'y en a qu'un par colonne autre que la première où il n'y en a évidement pas) ;

-    pour la matrice $|A|$ tous les éléments de la diagonale principale sont égaux à (+1) et les autres éléments non nuls sont nécessairement égaux aussi à +1 et placés au-dessus de la diagonale principale (on a une matrice « triangulaire supérieure »).

CHAPITRE III :
APPLICATIONS DES THEORIES DE GRAPHE ET MATRICES TOPOLOGIQUES DES RESEAUX SNEL OUEST

III.1. PRESENTATION DU RESEAUX ELECTRIQUE CONGOLAIS ([13])

III.1.1 APERÇU GENERAL

Le réseau Ouest de la SNEL se trouve en République Démocratique du Congo, entièrement dans le bassin inférieur du Fleuve Congo plus précisément disséminé dans les provinces du Bas-Congo, Kinshasa, Bandundu, ainsi que l'exportation de l'énergie vers la République du Congo (Brazzaville).

III.1.2. RESEAU SUD : Centrale plus Réseaux de transport et distribution

- charge fortement dispersée
- plusieurs niveaux de tension
- 831 Km de ligne 220 KV
- 120 Km de ligne 132 KV
- 1200 Km de ligne 120 KV
- 70 Km de ligne 70 KV
- Charge en perpétuelle décroissance 50% en 25 ans (1975-2000)
- Fortement interconnecté
- Puissance de production repartie sur plusieurs localités
- Mwadingusha (1929-1954) 68 MW
- Koni (1950)   42 MW
- Nseke (1956-1957)   248 MW
- Nzilo (1953-1954)   108 MW
- Kilubi (1954)   9 ,9 MW
- Kyimbi (1959)   17,2 MW

III.1.3. RESEAU OUEST : Centrale plus Réseaux de transport et distribution

- Charge localisée dans la capitale

([13]) BIRINGINGWA, (T), - Calcul de réseaux électrique, 1er licence électro énergétique I.S.P.T.-KIN 2011-2012.

- 385 Km de lignes 220 KV
- 185 Km de ligne 132 KV
- 245 Km de ligne 70 KV
- Charge en perpétuelle croissance 137%   en 25 ans (1975-2000)

III.1.4. AUTRES RESEAUX EN RDC

- **EST**

-Ruzizi 1 et 2 : 28 MW +10 MW

- **CENTRALE AUTONOMES**

-Mobayi : 11,4 MW

-Tshopo : 18,8 MW

-Centrale thermiques : 30,6 MW

III.1.5. VOCATION DE LA RDC EN MATIERE ENERGETIQUE

- AUTOROUTE DE L'ENERGIE ELECTRIQUE

-Axe nord (800 KVcc 6 à 20 GW) : RCA, SOUDAN, EGYPTE

-Axe sud : Corridor Est : ZAMBIE, ZIMBABWE, BOTSWNA RSA

-Axe ouest (500 KVcc 1 à 3 GW) : GABON, CAMEROUN   , NIGERIA

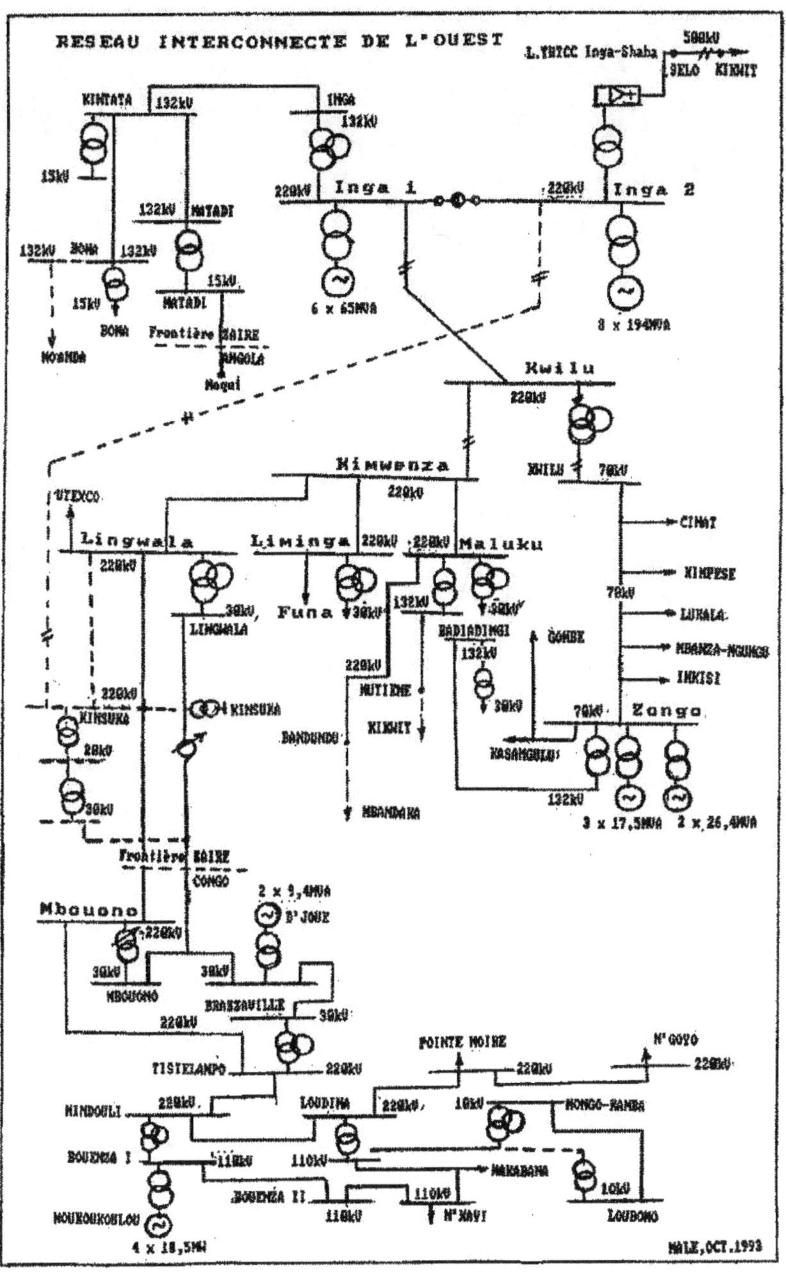

RESEAU INTERCONNECTE DE L'OUEST
L.THTCC Inga-Shaba
500kV
SELO KIKWIT
KINTATA
132kV
INGA
132kV
15kV
220kV
Inga 1
220kV
Inga 2
132kV MATADI
132kV BOMA 132kV
132kV
15kV
MATADI
15kV
BONA
Frontière ZAIRE
ANGOLA
Noqui
6 x 65MVA
8 x 194MVA
NOENDA
Kwilu
220kV
Kimwenza
220kV
XWILU 70kV
CIMAT
UTEXCO
XIMPESE
Lingwala
Liminga 220kV 220kV Maluku
220kV
70kV
LUKALA
30kV
Funa 30kV
132kV
30kV
MBANZA-NGUNGU
LINGWALA
INKISI
220kV
HADIADINGI
132kV
GOMBE
MUTIENE
220kV
30kV
79kV
Zongo
220kV
KINSUKA
KINSUKA
KIKWIT
28kV
BANDUNDU
KASANGULU
30kV
132kV
3 x 17,5MVA 2 x 26,4MVA
MBANDAKA
Frontière ZAIRE
CONGO
2 x 9,4MVA
Mbouono
B'JOUE
220kV
30kV
30kV
MBOUONO
BRAZZAVILLE
30kV
220kV
POINTE NOIRE
N'GOYO
TSISIANPO
220kV
220kV
220kV
MINDOULI
220kV
LOUDINA
220kV
10kV
MONGO-RANBA
BOUENZA I
110kV
110kV
MAKABANA
10kV
MOUKOUKOULOU
BOUENZA II
110kV
110kV
N'XAVI
LOUBOMO
4 x 18,5MW
MALE,OCT.1993

Soit le réseau désigné par son graphe (réseau SNEL OUEST)

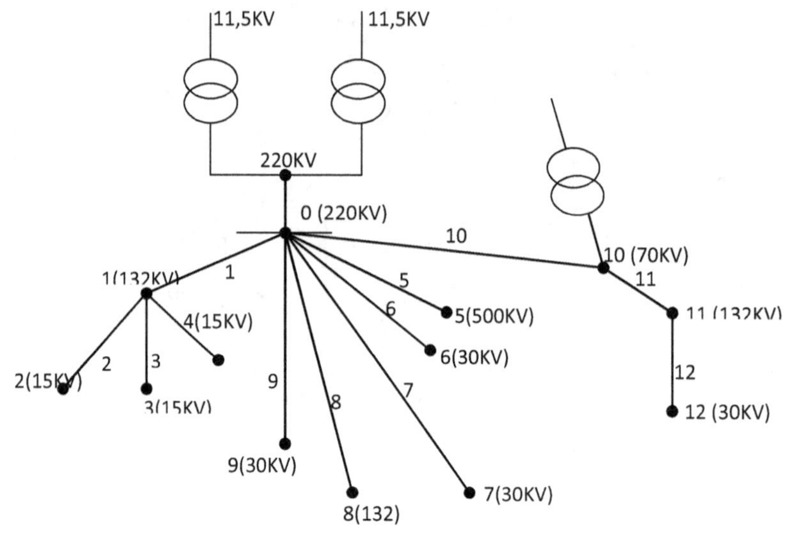

Figure 2.4

Légende:

0 : terne INGA 1 et 2

1 : terne KINTATA (INGA)

2 : terne KINTATA

3 : terne BOMA

4 : terne MATADI

5 : terne INGA-SHABA

6 : terne MALUKU

7 : terne MUTIENE

8 : terne FUNA

9 : terne LINGWALA

10 : terne KWILU

11 : terne ZONGO

12 : terne BADIADINGI

Sa matrice topologique est donnée par le tableau ci-dessous

-1	1	1	1	0	0	0	0	0	0	0	0
0	-1	0	0	0	0	0	0	0	0	0	0
0	0	-1	0	0	0	0	0	0	0	0	0
0	0	0	-1	0	0	0	0	0	0	0	0
0	0	0	0	-1	0	0	0	0	0	0	0
0	0	0	0	0	-1	0	0	0	0	0	0
0	0	0	0	0	0	-1	0	0	0	0	0
0	0	0	0	0	0	0	-1	0	0	0	0
0	0	0	0	0	0	0	0	-1	0	0	0
0	0	0	0	0	0	0	0	0	-1	1	0
0	0	0	0	0	0	0	0	0	0	-1	1
0	0	0	0	0	0	0	0	0	0	0	-1

Matrice topologique T

Inverse de la matrice topologique en T

1	1	1	1	0	0	0	0	0	0	0	0
0	1	0	0	0	0	0	0	0	0	0	0
0	0	1	0	0	0	0	0	0	0	0	0
0	0	0	1	0	0	0	0	0	0	0	0
0	0	0	0	1	0	0	0	0	0	0	0
0	0	0	0	0	1	0	0	0	0	0	0
0	0	0	0	0	0	1	0	0	0	0	0
0	0	0	0	0	0	0	1	0	0	0	0
0	0	0	0	0	0	0	0	1	0	0	0
0	0	0	0	0	0	0	0	0	1	1	1
0	0	0	0	0	0	0	0	0	0	1	1
0	0	0	0	0	0	0	0	0	0	0	1

Matrice topologique A

Figure Matrices topologiques T et A du réseau SNEL OUEST

Matrice topologie en T

Matrice topologie en T

J1		Y11	Y12	Y13	Y14	Y15	Y16	Y17	Y18	Y19	Y110	Y111	Y121		V1
J2				Y23	Y24	Y25	Y26	Y27	Y28	Y29	Y210	Y211	Y212		V2
J3				Y33	Y34	Y35	Y36	Y37	Y38	Y39	Y310	Y311	Y312		V3
J4		Y41	Y42	Y43	Y44	Y45	Y46	Y47	Y48	Y49	Y410	Y411	Y412		V4
J5		Y51	Y52	Y53	Y54	Y55	Y56	Y57	Y58	Y59	Y510	Y511	Y512		V5
J6	=	Y61	Y62	Y63	Y64	Y65	Y66	Y67	Y68	Y69	Y610	Y611	Y612		V6
J7		Y71	Y72	Y73	Y74	Y75	Y76	Y77	Y78	Y79	Y710	Y711	Y712		V7
J8		Y81	Y82	Y83	Y84	Y85	Y86	Y87	Y88	Y89	Y810	Y811	Y812		V8
J9		Y91	Y92	Y93	Y94	Y95	Y96	Y97	Y98	Y99	Y910	Y911	Y912		V9
J10		Y101	Y102	Y103	Y104	Y105	Y106	Y107	Y108	Y109	Y1010	Y1011	Y1012		V10
J11		Y111	Y112	Y113	Y114	Y115	Y116	Y117	Y118	Y119	Y1110	Y1111	Y1112		V11
J12		Y121	Y122	Y123	Y124	Y125	Y126	Y127	Y128	Y129	Y1210	Y1211	Y1212		V12

V1		Z11	Z12	Z13	Z14	Z15	Z16	Z17	Z18	Z19	Z110	Z111	Z121		J1
V2		Z21	Z22	Z23	Z24	Z25	Z26	Z27	Z28	Z29	Z210	Z211	Z212		J2
V3		Z31	Z32	Z33	Z34	Z35	Z36	Z37	Z38	Z39	Z310	Z311	Z312		J3
V4		Z41	Z42	Z43	Z44	Z45	Z46	Z47	Z48	Z49	Z410	Z411	Z412		J4
V5		Z51	Z52	Z53	Z54	Z55	Z56	Z57	Z58	Z59	Z510	Z511	Z512		J5
V6	=	Z61	Z62	Z63	Z64	Z65	Z66	Z67	Z68	Z69	Z610	Z611	Z612		J6
V7		Z71	Z72	Z73	Z74	Z75	Z76	Z77	Z78	Z79	Z710	Z711	Z712		J7
V8		Z81	Z82	Z83	Z84	Z85	Z86	Z87	Z88	Z89	Z810	Z811	Z812		J8
V9		Z91	Z92	Z93	Z94	Z95	Z96	Z97	Z98	Z99	Z910	Z911	Z912		J9
V10		Z101	Z102	Z103	Z104	Z105	Z106	Z107	Z108	Z109	Z1010	Z1011	Z1012		J10
V11		Z111	Z112	Z113	Z114	Z115	Z116	Z117	Z118	Z119	Z1110	Z1111	Z1112		J11
V12		Z121	Z122	Z123	Z124	Z125	Z126	Z127	Z128	Z129	Z1210	Z1211	Z1212		J12

<u>CALCULS DES IMPEDENCES</u>

$$Z_{11} = Z_{10} + Z_{12} + Z_{13} + Z_{14}$$

$$= 9{,}6 + 9 + 9 + 9$$

$$Z_{11} = 36{,}6$$

$$Z_{12} = 9$$

$$Z_{13} = 9$$

$$Z_{14} = 9$$

$$Z_{22} = Z_{21} = 9$$

$$Z_{33} = Z_{31} = 9$$

$$Z_{44} = Z_{41} = 9$$

$$Z_{55} = Z_{50} = 9$$

$$Z_{66} = Z_{60} = 15{,}5$$

$$Z_{77} = Z_{70} = 15{,}5$$

$$Z_{88} = Z_{80} = 15{,}5$$

$$Z_{99} = Z_{90} = 15{,}5$$

$$Z_{1010} = Z_{10}/0 + Z_{10}/11 = 12{,}3 + 10 = 22{,}3$$

$$Z_{11/11} = Z_{11/10} + Z_{11/12} = 10 + 10{,}8 = 20{,}8$$

$$Z_{12/12} = Z_{12/11} = 10{,}8$$

$$Z_{10/11} = 10$$

```
-36.6000   9.0000   9.0000   9.0000        0        0        0        0        0        0        0        0
      0  -9.0000        0        0        0        0        0        0        0        0        0        0
      0        0  -9.0000        0        0        0        0        0        0        0        0        0
      0        0        0  -9.0000        0        0        0        0        0        0        0        0
      0        0        0        0 -59.5000        0        0        0        0        0        0        0
      0        0        0        0        0 -15.5000        0        0        0        0        0        0
      0        0        0        0        0        0 -15.5000        0        0        0        0        0
      0        0        0        0        0        0        0 -15.5000        0        0        0        0
      0        0        0        0        0        0        0        0 -22.3000        0        0        0
      0        0        0        0        0        0        0        0        0 -22.3000  10.0000        0
      0        0        0        0        0        0        0        0        0        0 -20.8000  10.8000
      0        0        0        0        0        0        0        0        0        0        0 -10.8000
```

```
-0.0273  -0.0273  -0.0273  -0.0273        0        0        0        0        0        0        0        0
      0  -0.1111        0        0        0        0        0        0        0        0        0        0
      0        0  -0.1111        0        0        0        0        0        0        0        0        0
      0        0        0  -0.1111        0        0        0        0        0        0        0        0
      0        0        0        0  -0.0168        0        0        0        0        0        0        0
      0        0        0        0        0  -0.0645        0        0        0        0        0        0
      0        0        0        0        0        0  -0.0645        0        0        0        0        0
      0        0        0        0        0        0        0  -0.0645        0        0        0        0
      0        0        0        0        0        0        0        0  -0.0448        0        0        0
      0        0        0        0        0        0        0        0        0  -0.0448  -0.0216  -0.0216
      0        0        0        0        0        0        0        0        0        0  -0.0481  -0.0481
      0        0        0        0        0        0        0        0        0        0        0  -0.0926
```

0.0273	0.0273	0.0273	0.0273	0	0	0	0	0	0	0	0
0	0.1111	0	0	0	0	0	0	0	0	0	0
0	0	0.1111	0	0	0	0	0	0	0	0	0
0	0	0	0.1111	0	0	0	0	0	0	0	0
0	0	0	0	0.0168	0	0	0	0	0	0	0
0	0	0	0	0	0.0645	0	0	0	0	0	0
0	0	0	0	0	0	0.0645	0	0	0	0	0
0	0	0	0	0	0	0	0.0645	0	0	0	0
0	0	0	0	0	0	0	0	0.0448	0	0	0
0	0	0	0	0	0	0	0	0	0.0448	0.0216	0.0216
0	0	0	0	0	0	0	0	0	0	0.0481	0.0481
0	0	0	0	0	0	0	0	0	0	0	0.0926

LES TENSIONS DES NOEUDS

LES COURANTS DES NOEUDS

V1= 123KV

4.5902

V2=15KV

1.6667

V3=15KV

1.6667

V4=15KV

1.6667

V5=500KV

8.4034

V6= 30KV

1.9355

V7= 30KV

1.9355

V8=132KV

8.5161

V9=30KV

1.3453

V10=70KV

6.6316

V11=132KV

7.7885

V12=30KV

2.7778

Les résultats de l'application en

T(en courant)

CONCLUSION

Nous avons fait au chapitre 1, une étude générale sur les réseaux électriques avec l'étude de différents composants nécessaires pour le transport et la distribution de l'énergie électrique. L'importance du réseau de transport d'énergie électrique est de pouvoir satisfaire la demande des consommateurs. Le réseau électrique doit permettre de livrer aux utilisateurs une consommation d'énergie électrique adaptée à leurs besoins.

Au chapitre 2, nous avons fait une étude générale sur la théorie des graphes et matrices topologique c'est-à-dire, nous avons essaye de parler du principe général de l'application de la théorie de graphe à l'étude des matrices topologique des réseaux,

Dans ce chapitre nous nous somme limite à exposer les méthodes de calcul matriciel utilisées dans l'étude des réseaux électrique et l'utilisation d'un logiciel de calcul MATLAB

Enfin, l'application de la théorie de graphe à 1 étude des matrice topologique des réseaux était notre préoccupation dans le chapitre 3,la méthode des matrices topologie nous a permis d'avoir une matrice en binaire (dont les éléments sont soit 1ou 0) ;à partie du quel on a la forme de la matrice des l' impédances ;la présence de 1 ou -1 montre que l'impédance correspondante serait remplacée ;une fois que la matrice des impédance existe ;on déduit les tensions au nœud si l'on possède la charge dans chaque nœud ;cela à travers la relation [V]=A .[I].mais dans le cas échéant de ce travail ;ce sont les tensions en chaque nœud dont nous disposons ; il était question de déduire les courants des charges relativement à chaque nœud ;par la relation

$[I]=A^{-1}. [V]$; d'où la nécessite d'utiliser la matrice en T la quelle est l'inverse de A.

$[V]=A [I]$; $A^{-1}. [V] = A^{-1} .A.[I]$ or $A^{-1} .A=1$ $[I]= A^{-1}. [V]$.

BIBLIOGRAPHIE

ENCYCLOPEDIE

- MAURICE, (L)-« Câbles aériens isolés » in Encyclopédie : Technique de l'Ingénieur, coll. » Technique de l'Ingénieur » D4 II, PARIS, 1989.
- PIERRE, (HF) et al – « Ligne aériennes » in Encyclopédie technique de l'ingénieur, coll. « technique de l'ingénieur » ; D4 II, PARIS, 1989

DOCUMENTS

- D. FULCHIRON, Surtensions et coordination de l'isolement, C.T. n°151, MERLIN GERIN, Ed. décembre 1992
- DIESE, Protection, DISPATCHER TKI/DDK/SNEL, 2011.
- R.PELISSIER, Les réseaux d'énergie électrique, tome 1, édition Dunod, Paris, 1971
- Traite d'électricité : volume XII énergie électrique

NOTES DE COURS ET INEDITS

- BIRINGINGWA, (T), - Construction électrique, 2e graduat électrotechnique I.S.P.T.-KIN 2009-2010.
- LUZOLO, (V), - Technologie électrique, 2e graduat électrotechnique, I.S.P.T.-KIN 2009-2010.
- KAZADI, (K)- Production, transport et distribution de l'énergie électrique, 3e graduat électrotechnique, I.S.P.T.-KIN, 2007-2008.
- BIRINGINGWA, (T), - Calcul de réseaux électrique, 1er licence électro énergétique I.S.P.T.-KIN 2011-2012.

Sommaire

INTRODUCTION GENERALE 5

1. PRESENTATION DU TRAVAIL.. 5

2. Choix et intérêt du sujet 5

3. Problématique... 6

4. Hypothèses de travail 6

5. Méthodologie du travail 7

6. Objectifs et buts du sujet 7

7. Délimitation du travail 7

8. Difficultés rencontrées 7

9. Subdivision du travail 8

CHAPITRE I : 9

GENERALITES SUR LES RESEAUX D'ENERGIE ELECTRIQUE........ 9

I.1. STRUCTURE D'UN RESEAU ELECTRIQUE () 9

I.2. CLASSIFICATION DES RESEAUX () 10

I.3. CHOIX DE LA TENSION DU RESEAU () 10

I.4. DISPOSITION DES RESEAUX () 12

I.4.1. Réseau radial 12

I.4.2. Réseau boucle 13

I.4.3. Réseau maillé 14

I.5. DIFFERENTES FONCTIONS DES RESEAUX D'ENERGIE 14

I.5.1. Les réseaux d'utilisation BT 14

I.5.2. Les réseaux de distribution MT/BT... 15

I.5.3. Les réseaux de répartition HT.. 15

I.5.4. Les réseaux de transport HT/THT 15

I.5.5. Les réseaux d'interconnexion 15

I.6. TYPES DE LIGNES ELECTRIQUES () 16

1.6.1. Lignes souterraines... 16

1.6.2. Lignes aériennes... 16

1.6.3. Matériel entrant dans la construction d'une ligne aérienne 18

I.7. DISPOSITION DES POSTES DE L'ENERGIE ELECTRIQUE 24

I.7.1. Poste de coupure simple 25

I.7.2. Poste de coupure à multiples liaisons 25

I.8. CHOIX DE TRANSFORMATEUR () 28

I. 9. CRITERES DE CHOIX DE LA SECTION 28

I. 9. 1. Critère du régime permanent 29

I.9. 2. Critère de chute de tension.. 29

I.9.3. Critère économique 30

I.9. 4. Critère du régime de court- circuit.. 30

I.9. 5. Origine des courts-circuits 31

I.10. PROTECTION DES RESEAUX 32

I.10.1. Production de la puissance réactive... 33

I.10.2. Amélioration du facteur de puissance d'un réseau.................... 34

1.11. ETUDE DE SURTENSIONS () 35

1.11.1. Surtensions d'origine externe.. 36

1.11.2. Surtension d'origine interne.. 36

I.12. DISPOSITION DE PROTECTION CONTRE LES SURTENSIONS.. 37

1.12.1. Les dispositifs de protection contre les surtensions() 37

Chapitre II : 47

THEORIES DES GRAPHES ET MATRICES TOPOLOGIQUES DES
RESEAUX... 47

II.1. Introduction 47

II.2. Description de la topologie des réseaux () 47

II.2.1. La topologie des réseaux 47

II.2.2. les problèmes liés aux couplages des transformateurs............... 49

II.2.3. L'état électrique d'un réseau d'énergie peut être caractérise de quatre façon
différentes à savoir 51

II.2.4. Propriétés des matrices topologiques des réseaux mailles (représentation en
graphe) () 52

II.3. Illustration des graphes et matrices topologiques des réseaux................ 53

II.4. Illustration des graphes et matrices topologiques des réseaux................ 56

CHAPITRE III : 59

APPLICATIONS DES THEORIES DE GRAPHE ET MATRICES TOPOLOGIQUES DES RESEAUX SNEL OUEST 59

III.1. PRESENTATION DU RESEAUX ELECTRIQUE CONGOLAIS () .. 59

3.1.1 APERÇU GENERAL 59

3.1.2. RESEAU SUD : Centrale plus Réseaux de transport et distribution ... 59

3.1.3. RESEAU OUEST : Centrale plus Réseaux de transport et distribution59

3.1.4. AUTRES RESEAUX EN RDC 60

3.1.5. VOCATION DE LA RDC EN MATIERE ENERGETIQUE 60

CONCLUSION 69

Caractéristique des transformateurs du réseau ouest

Postes	Nb	Rapport	S (MVA)	Couplag	X (%) p-s	s-t	p-t
Inga	2	220/132/15	50/50/6,9	Yyd	9,6	21,8	34
Kwili	2	220/70/15	50/30/30	Yyd	12,3	7,8	19,2
Maluku	2	220/30/6,6	75/75/25	Yyd	15,5	4,2	17,7
	2	30/6,6	25	Yd Yd	8,2	-	-
	1	30/6,6	30	Yd Dy	-	-	-
	2	30/6,6	5		6,7	-	-
Liming	2	220/30/6,6	75/75/25	Yyd	15,5	4,2	17,7
Lingwa	2	220/30/6,6	75/75/25	Yyd	15,5	4,2	17,7
Zongo	1	132/70	62,5	Yd	10	-	-
Makala	1	132/30	50	Yd	10,8	-	-
	1	30/30	60	Yd	0.9		
Matadi	1	132/15/6,1	15/15/5	Yyd	9,8	9	12,4
Boma	1	132/15/6,1	15/15/5	Yyd	9,8	-	-
CINAT	1	70/6,6	10	Yd	8,5	-	-
Lukala	2	70/6,6	10,5	Yd	10	-	-

9 789975 153850